房地产知识了解一下?

一本书在手

成为自己的置业专家

从这里开始……
解答您所有的房产疑惑

房地产实战营销丛书

MAKE YOU
A REAL
ESTATE EXPERT

让你成为房产专家

购房置业常见问题与房地产知识速查速用

余源鹏 / 主编

机械工业出版社
CHINA MACHINE PRESS

本书提炼和总结了常见和实用的房产常识，内容包括常见的房屋类型，购房置业常见术语，选购房产，房屋销售价格，购房合同，交易税费，购房抵押贷款，产权登记，验房与收房，家庭装修，物业管理，房产投资，房屋出售与出租。通过阅读本书，读者可以全面了解房产的有关知识，及相关问题的处理方法与技巧，从而成为房产方面的专家。本书可作为广大购房置业人员，房地产开发企业、房地产中介服务企业相关从业人员，有意进入房地产行业的入门人员的参考用书。

图书在版编目（CIP）数据

让你成为房产专家：购房置业常见问题与房地产知识速查速用 / 余源鹏主编. —北京：机械工业出版社，2018.8（2025.2重印）
（房地产实战营销丛书）
ISBN 978-7-111-60478-5

Ⅰ. ①让… Ⅱ. ①余… Ⅲ. ①房地产—基本知识 Ⅳ. ①F293.3

中国版本图书馆CIP数据核字（2018）第159934号

机械工业出版社（北京市百万庄大街22号　邮政编码100037）
策划编辑：赵　荣　责任编辑：赵　荣　王　慧
责任校对：孙丽萍　封面设计：鞠　杨
责任印制：张　博
北京建宏印刷有限公司印刷
2025年2月第1版第8次印刷
184mm×260mm・14.75印张・2插页・232千字
标准书号：ISBN 978-7-111-60478-5
定价：48.00元

凡购本书，如有缺页、倒页、脱页，由本社发行部调换
电话服务　　　　　　　　　网络服务
服务咨询热线：010-88361066　机工官网：www.cmpbook.com
读者购书热线：010-68326294　机工官博：weibo.com/cmp1952
　　　　　　　010-88379203　金　书　网：www.golden-book.com
封面无防伪标均为盗版　　教育服务网：www.cmpedu.com

本书编写人员

主　　编：余源鹏

策划顾问：广州市智南投资咨询有限公司

参编人员：

陈秀玲	朱嘉蕾	李惠东	方坤霞	崔美珍
杨秀梅	陈思雅	梁嘉恩	叶志兴	谭嘉媚
杨逸婷	张家进	陈　铠	唐璟怡	蔡燕珊
陈若兰	陈晓冬	夏　庆	罗慧敏	谭玉婵
余鑫泉	刘雁玲	黎敏慧	郑敏珠	罗宇玉
杜志杰	张　纯	马新芸	林旭生	刘丹霞
林煜嘉	莫润冰	黄志英	段　萍	陈小哲
徐炎银	林敏玲	胡银辉	蒋祥初	吴东平
魏玲玲	罗　艳	李苑茹	曾秀丰	奚　艳
齐　宇	肖文敏	王旭丹	邓祝庆	黄　颖
林达愿	聂翠萍	何彤欣	刘俊琼	罗鹏诗
黄佳萍	吴丽锋	黎淑娟		

信息支持：智地网　www.eaky.com

前 言 FOREWORD

　　每个人在日常生活中都会或多或少遇到与房产有关的问题，包括选房购房、装修入住、投资房产、出售房屋、出租房屋、租房等方面存在的各种各样的房产问题。比如房产交易，其与其他商品交易相比，流程更加复杂，风险也更大。一方面，其涉及的主体多，包括购房者、房地产开发企业、房地产中介服务企业、金融机构、房屋管理部门、税务机关等。另一方面，其交易周期长，从选房到装修入住，中间哪一个环节出现问题都会导致交易的中止。因此，购房置业者有必要了解相关的房产知识，并掌握购房过程中常见的问题的应对方法，以做到有备无患。

　　为了让读者轻松了解一些实用的房产常识，帮助读者解决与房产相关的各类常见问题，我们提炼总结了常见的房产知识要点以及房屋交易相关问题的处理方法，编写了本书，希望读者在阅读本书之后，能全面了解房产的有关知识以及相关问题的处理方法与技巧，成为房产方面的专家。

　　本书分13章全面讲述了实用的房产常识，这13章的内容包括：

　　第1章，常见的房屋类型。主要对房屋开发类型、房屋产权类型、房屋产品类型、房屋建筑类型以及商业地产等的相关名词术语进行阐释。比如，什么是存量房、增量房、现房、期房、经济适用住房，什么是板楼、塔楼等。

　　第2章，购房置业常见术语。主要对购房置业过程中常见的术语进行阐释。比如，什么是容积率、建筑密度、套内建筑面积、使用率、实用率，什么是开间、进深等。

　　第3章，选购房产。主要对小区环境选择、户型选择、置业规划、实地看房的要点进行阐述。比如，如何避免买到有环境污染的小区，选择顶层房屋要考虑哪些问题，如何评估自己的购房能力，看样板房时需要注意哪些细节等。

　　第4章，房屋销售价格。主要对房屋销售价格的相关名词以及谈价的要诀等进行阐述。比如，什么是均价、基价、起价、一口价，房屋销售价格是如何制定出来的，谈价时要注意哪些要点等。

第5章，购房合同。主要对购房合同的内容条款以及签订合同时的注意要点等进行阐述。比如，二手房买卖合同主要包括哪些内容；签订房地产买卖合同要注意哪些细节；合同发生纠纷时，申请仲裁和向法院起诉有什么区别等。

第6章，交易税费。主要对常见的税费类型以及房产交易需要缴纳的税费等进行阐述。比如，什么是契税、增值税、个税，购买一手住房一般需要缴纳哪些税费，采取不防范做法来避税会有哪些风险等。

第7章，购房抵押贷款。主要对付款方式、申请住房公积金贷款/住房商业性贷款、偿还贷款等的要点进行阐述。比如，什么是个人住房商业性贷款，申请住房公积金贷款需要符合什么条件，什么情况不要提前还款等。

第8章，产权登记。主要对房地产产权的相关名词、办理不动产登记以及不动产权证的要点进行阐述。比如，什么是房屋的占有权、使用权、收益权和处分权，什么情况需要办理转移登记等。

第9章，验房与收房。主要对验房收房及退房的相关问题进行解答。比如，如何检验小区环境是否合格，购房者收房的一般流程是怎样的，什么情况可要求退房等。

第10章，家庭装修。主要对家庭装修设计以及选购装修材料、家具与装饰品的要点等进行阐述。比如，如何判断装修公司是否有实力，客厅装修要注意哪些要点，选购木地板要关注哪些要点等。

第11章，物业管理。主要对业主委员会、物业管理与物业服务企业的相关问题进行解答。比如，什么是业主大会、业主委员会，物业管理服务费的收费标准是怎样的，如何划分物业服务企业和业主的维修责任等。

第12章，房产投资。主要对不同物业类型的投资要点进行阐述。比如，如何选择最佳的购房投资时机，商铺投资要注意哪些要点，是选择投资高端写字楼还是投资低端写字楼，哪些类型的车位不能投资等。

第13章，房屋出售与出租。主要对房屋出售、出租以及租房的要点进行阐述。比如，委托中介公司出售二手房要注意哪些问题，什么情况可以解除房屋租赁合同，租房者看房时要关注哪些要点等。

本书的编写具有以下六个特点：

让你成为房产专家

第一，实操性。本书一如既往地保持我们编写房地产图书的实战性风格，提炼总结了常见而且实用的房地产知识要点与房产交易过程常见问题的处理方法。

第二，全面性。本书的内容涵盖了房产术语、选购房产、房屋销售价格、购房合同、交易税费、购房抵押贷款、产权登记、验房与收房、家庭装修、物业管理、房产投资、房屋出售与出租等，内容详尽。

第三，简明易懂性。由于大多数购房者并非专业的房地产从业人士，并且可能是第一次购房，简明到位的表述既有助于读者理解并掌握相关知识和问题的处理方法，又可以节省读者的时间和精力。本书正是出于这方面的考虑，在语言表达上尽量做到通俗易懂，使读者能充分理解作者想表达的意思，从而更快地解决购房置业的难题或者日常碰到的与房产相关的问题。

第四，工具性。本书编写脉络清晰，按照读者经常遇到的各类房产问题分章编写，便于读者快速查阅所要了解的内容。读者在日常生活或工作中遇到有关房产问题时，可以直接在书中对应章节找到相应的内容进行参考借鉴。

第五，可操作性。本书所编写的各种方法、技巧均具有可操作性，读者一看便可快速掌握其要领。

第六，时效性。本书是根据新的房地产政策与相关的法律法规进行编写的，希望对读者具有参考价值。

本书是广大购房置业人士了解房产知识的必备书籍，是购房置业人士规避购房风险，顺利购房和装修入住的置业指导手册。本书也适合房地产开发企业、房地产中介服务企业等的从业人士在日常工作中学习和查阅，是一本内容详尽、使用便捷的工具书。本书还适用于对房地产有兴趣的读者了解房地产相关知识，以及有意进入房地产行业工作的读者自学阅读。

本书编写过程中，得到了广州市智南投资咨询有限公司相关同仁以及业内部分专业人士的支持和帮助，在此一并表示感谢。本书是我们编写的"房地产实战营销丛书"中的一本，有关房地产营销各环节的实战性知识，请读者参阅我们陆续编写出版的其他书籍，也请广大读者们对我们所编写的书籍提出宝贵建议和指正意见。对此，编者们将十分感激。

编者

CONTENT 目录

| 前 言

第1章
常见的房屋类型

1.1 房屋开发类型 / 002

1. 什么是商品房？/ 002
2. 什么是存量房和增量房？/ 002
3. 现房、准现房、期房、楼花分别指什么？/ 002
4. 什么是尾房？/ 002
5. 毛坯房、成品房和装修房有什么区别？/ 003

1.2 房屋产权类型 / 003

1. 什么是私房和公房？/ 003
2. 什么是房改房？/ 004
3. 保障性住房有哪些类型？/ 004
4. 什么是经济适用住房？/ 004
5. 哪类家庭可以申请购买经济适用住房？/ 004
6. 什么是集资房？/ 005
7. 什么是廉租住房？/ 005
8. 什么是公共租赁住房？/ 006
9. 什么是限价房？/ 006
10. 什么是安居房？/ 007

1.3　房屋产品类型 / 007

1. 住宅和非住宅分别包括哪些类型？/ 007
2. 普通住宅和豪华住宅分别指什么？/ 007
3. 什么是花园式住宅、公寓式住宅和单元式住宅？/ 008
4. 公寓和住宅有什么区别？/ 008
5. 普通公寓、商务公寓、酒店式公寓、产权式酒店公寓有什么不同？/ 009
6. 什么是商住楼、商务楼和办公楼？/ 010
7. 什么是STUDIO？/ 011
8. 什么是LOFT？/ 011
9. 什么是SOLO？/ 011
10. 什么是智能化住宅？/ 012

1.4　房屋建筑类型 / 012

1. 什么是低层房屋？/ 012
2. 什么是多层房屋？/ 012
3. 什么是小高层房屋？/ 012
4. 什么是高层房屋？/ 013
5. 什么是超高层房屋？/ 013
6. 板楼和塔楼有什么区别？/ 013
7. 什么是错层住宅？/ 014
8. 什么是跃层式住宅？/ 014
9. 什么是复式住宅？/ 015
10. 什么是钢结构？/ 015
11. 什么是钢筋混凝土结构？/ 016
12. 什么是砖混结构？/ 016
13. 什么是砖木结构？/ 016
14. 什么是承重墙结构？/ 016

15. 什么是框架结构？ / 016

16. 什么是剪力墙结构？ / 017

17. 什么是框架剪力墙结构？ / 017

1.5 商业地产 / 017

1. 什么是商业地产？ / 017

2. 商业地产有什么类型？ / 018

3. 什么是购物中心？ / 020

4. 什么是商业街？ / 020

5. 什么是专业市场？ / 021

6. 什么是住宅底商？ / 021

7. 什么是酒店？ / 021

8. 什么是城市综合体？ / 022

9. 什么是零售业态？ / 023

10. 零售业态主要有哪些类型？ / 023

11. 什么是零售业种？ / 024

12. 什么是商圈？ / 025

13. 主圈、次圈和边圈分别指什么？ / 025

14. 什么是返租？ / 026

第2章 购房置业常见术语

1. 什么是容积率？ / 028

2. 什么是建筑密度？ / 028

3. 什么是绿地率？ / 028

4. 什么是绿化率？ / 028

5. 住宅配套设施主要包括哪些类型？ / 029

6. 套型建筑面积和套内建筑面积分别指什么？ / 029

7. 什么是套内使用面积、套内墙体面积和套内阳台建筑面积？ / 029

8. 什么是公用建筑面积和分摊面积？ / 030

9. 房屋预测面积和房屋实测面积分别指什么？／031
10. 为什么房屋预售面积和竣工面积存在差异？／031
11. 套内建筑面积售房和建筑面积售房有什么不同？／031
12. 使用率和实用率（得房率）分别指什么？／032
13. 什么是阳台？／032
14. 封闭阳台和非封闭阳台有什么区别？／033
15. 凹阳台和凸阳台有什么区别？／033
16. 底阳台和挑阳台有什么区别？／033
17. 阳台和飘窗如何计算建筑面积？／033
18. 住宅的开间和进深分别指什么？／034

第3章 选购房产

3.1 小区环境选择 ／036

1. 如何挑选合适的地段？／036
2. 看小区内部环境主要关注哪些要点？／037
3. 如何避免买到有环境污染的小区？／038
4. 如何判断房地产开发企业的实力？／038
5. 购房者可以从哪些方面来考量小区的物业管理水平？／039

3.2 户型选择 ／040

1. 好的户型设计一般有哪些特点？／040
2. 什么朝向的房屋好？／041
3. 选择几楼的房屋好？／042
4. 选择底层房屋要考虑哪些问题？／042
5. 选择中间层房屋要考虑哪些问题？／043
6. 选择顶层房屋要考虑哪些问题？／043
7. 如何选择实用率高的房屋？／045
8. 房屋多大的进深和面宽是合理的？／045
9. 选择哪一种供暖方式好？／046

目 录

3.3 置业规划 / 048
1. 如何评估自己的购房能力？/ 048
2. 青年购房者置业要考虑哪些因素？/ 049
3. 中年购房者置业要考虑哪些因素？/ 049
4. 老年购房者置业要考虑哪些因素？/ 050

3.4 实地看房 / 051
1. 什么时候看房好？/ 051
2. 看模型时要注意哪些事项？/ 052
3. 看图样时应主要关注哪些要点？/ 052
4. 看样板房时需要注意哪些细节？/ 053
5. 看二手房广告要注意哪些细节？/ 054
6. 看室内环境要关注哪些要点？/ 055

第4章 房屋销售价格
1. 什么是总价格和单位价格？/ 058
2. 均价、基价、起价、一口价分别指什么？/ 058
3. 什么是楼面价？/ 059
4. 什么是商品房销售明码标价？/ 059
5. 影响房屋销售价格的因素有哪些？/ 060
6. 影响二手房销售价格的因素主要有哪些？/ 062
7. 房屋销售价格是如何制定出来的？/ 063
8. 房地产开发企业一般会采用什么开盘价格策略？/ 064
9. 与销售人员谈价前需要了解哪些情况？/ 064
10. 谈价时要注意哪些要点？/ 065

第5章 购房合同
1. 什么是合同格式条款？/ 068
2. 房地产买卖合同中的不可抗力是指什么？/ 068
3. 哪些类型的房地产买卖合同是无效的？/ 068

让你成为房产专家

4. 商品房预售合同主要包括哪些内容？／069
5. 二手房买卖合同主要包括哪些内容？／070
6. 签订房地产买卖合同要注意哪些细节？／071
7. 签订二手房买卖合同前要注意哪些问题？／073
8. 房地产买卖合同未约定面积误差处理方式，如何处理？／075
9. 合同发生纠纷时，申请仲裁和向法院起诉有什么区别？／076

第6章 交易税费

1. 什么是契税？／078
2. 什么是增值税和增值税附加税？／078
3. 什么是个人所得税？／079
4. 什么是印花税？／079
5. 什么是土地增值税？／080
6. 什么是房产税？／080
7. 房地产交易有哪些费用？／081
8. 购买一手住房一般需要缴纳哪些税费？／082
9. 购买二手住房一般需要缴纳哪些税费？／083
10. 出售二手住房一般需要缴纳哪些税费？／084
11. 采取不防范做法来避税会有哪些风险？／084

第7章 购房抵押贷款

7.1 付款方式／088

1. 采用哪种付款方式购房好？／088
2. 如何评估自己的付款能力？／088
3. 购房抵押贷款和现房抵押贷款有什么不同？／089
4. 什么是个人住房公积金贷款？／089
5. 什么是个人住房商业性贷款？／089
6. 什么是个人住房组合贷款？／089
7. 个人住房商业性贷款和住房公积金贷款有什么不同？／090

7.2 住房公积金贷款 / 090

1. 申请住房公积金贷款需要符合什么条件？/ 090
2. 住房公积金贷款的额度、期限有限制吗？/ 091
3. 住房公积金的月缴存额和计缴基数是如何确定的？/ 092
4. 住房公积金贷款利率是多少？/ 092
5. 住房公积金可以充当首期款来使用吗？/ 093

7.3 住房商业性贷款 / 093

1. 申请住房商业性贷款需要符合什么条件？/ 093
2. 申请一手房银行按揭贷款的流程是怎样的？/ 093
3. 申请二手房银行按揭贷款的流程是怎样的？/ 094
4. 住房抵押贷款合同和借款合同主要包括哪些内容？/ 095
5. 贷款银行是如何对借款人进行审查的？/ 096
6. 贷款银行主要是通过哪些方面来判断借款人的偿债能力？/ 096
7. 申请个人住房商业性贷款要避免哪些风险？/ 096
8. 什么是接力贷？/ 097
9. 什么是转按揭？/ 097
10. 什么是加按揭？/ 098
11. 什么是房屋按揭保险？/ 098

7.4 偿还贷款 / 098

1. 按揭贷款的还款方式有哪些？/ 098
2. 什么是等额本息还款法？/ 099
3. 什么是等额本金还款法？/ 099
4. 什么是双周供？/ 100
5. 贷款期内的利息会有变动吗？/ 100
6. 贷款期限是越长越好吗？/ 100
7. 什么情况不要提前还款？/ 100
8. 提前偿还部分贷款后，剩余贷款的还款方式有哪些？/ 101

9. 采用银行按揭方式购房后，无能力偿还贷款怎么办？/ 102

10. 还清全部贷款后，购房者需要办理哪些手续？/ 102

第8章 产权登记

8.1 房地产产权 / 104

1. 什么是房地产产权？/ 104
2. 什么是房屋所有权？/ 104
3. 什么是土地使用权？/ 104
4. 房屋的占有权、使用权、收益权和处分权分别指什么？/ 104
5. 什么是房屋他项权利？/ 105
6. 典权、租赁权、抵押权分别指什么？/ 105
7. 什么是房屋的全部产权和部分产权？/ 106
8. 什么是确权？/ 106
9. 地下室、停车场以及车位可以出售吗？/ 107
10. 婚前单方按揭购房，婚后夫妻共同还款，房屋的所有权属于谁？/ 107

8.2 不动产登记 / 107

1. 什么是不动产登记？/ 107
2. 什么情况需要办理变更登记？/ 107
3. 什么情况需要办理转移登记？/ 108
4. 什么情况需要办理注销登记？/ 108
5. 什么是抵押备案登记？/ 109
6. 什么情况需要办理抵押权注销登记？/ 109
7. 什么情况需要办理预告登记？/ 109
8. 为什么要办理预告登记？/ 110
9. 什么是分割房地产？/ 110
10. 什么是房地产交换？/ 110

8.3 不动产权证 / 111

1. 什么是不动产权证？/ 111

目 录

2. 购买一手房，什么时候可以申请办理不动产权证？ /111
3. 购买二手房，怎么领取不动产权证？ /111
4. 购买顶楼的屋顶花园，为什么在不动产权证上没有体现？ /111
5. 遗失了不动产权证，怎么办？ /112

第9章 验房与收房

9.1 验房 /114

1. 什么是《住宅质量保证书》？ /114
2. 什么是《住宅使用说明书》？ /114
3. 满足什么条件的房屋质量是合格的？ /115
4. 如何检验小区环境是否合格？ /115
5. 如何检验户内情况是否合格？ /116
6. 购房者可以采取什么方式解决房产纠纷？ /118

9.2 收房 /119

1. 购房者收房的一般流程是怎样的？ /119
2. 二手房收房时要注意哪些问题？ /120

9.3 退房 /122

1. 什么情况可以要求退房？ /122
2. 按照什么流程退房可以避免风险？ /123

第10章 家庭装修

10.1 装修设计 /126

1. 家庭装修的流程是怎样的？ /126
2. 如何判断装修公司是否有实力？ /127
3. 选择装修公司要避免哪些风险？ /128
4. 签订装修合同时要注意哪些问题？ /129
5. 家庭装修风格主要有哪些类型？ /130
6. 如何搭配家庭装修色彩？ /134

7. 如何利用色彩弥补房间朝向的不足？／135
8. 春季装修要注意哪些问题？／136
9. 家庭装修出现纠纷有哪些解决途径？／137

10.2 局部空间装修／137

1. 客厅装修要注意哪些要点？／137
2. 卧室装修要注意哪些要点？／138
3. 书房装修要注意哪些要点？／139
4. 儿童房装修要注意哪些要点？／140
5. 厨房装修要注意哪些细节？／141
6. 卫浴间装修要注意哪些要点？／141
7. 阳台装修要注意哪些要点？／143
8. 墙面装修有哪些常见的方式？／143

10.3 选购装修材料／144

1. 如何鉴别是否是健康涂料？／144
2. 选择地面材料要考虑哪些因素？／145
3. 选购木地板要关注哪些要点？／146
4. 怎样选购木门？／147
5. 如何判断瓷砖质量的优劣？／148
6. 如何挑选水龙头？／149

10.4 选购家具与装饰品／150

1. 如何判断家具质量的优劣？／150
2. 如何鉴别购买的家具是否环保？／151
3. 金属家具有哪些优势？／152
4. 玻璃家具有哪些优势？／153
5. 选购儿童家具要关注哪些要点？／153
6. 选择哪种类型的纱窗好？／154
7. 选择窗帘要注意哪些要点？／156

8. 不同朝向的窗户应分别选择什么类型的窗帘？/157

9. 灯具有哪些常见的类型？/158

10. 各个功能区域分别应选择什么类型的灯具？/159

第11章 物业管理

11.1 业主大会与业主委员会 /162

1. 什么是业主？/162
2. 业主有哪些权利和义务 /162
3. 什么是管理规约？/163
4. 什么是业主大会？/163
5. 业主大会有哪些权力？/164
6. 第一次业主大会召开的流程是怎样的？/164
7. 什么是业主委员会？/165
8. 业主委员会有哪些职责？/165
9. 业主委员会的日常工作内容是什么？/166

11.2 物业管理与物业服务企业 /167

1. 什么是物业管理？/167
2. 物业管理有哪些类型？/167
3. 物业管理主要包括哪些内容？/168
4. 商业物业管理主要包括哪些内容？/170
5. 什么是物业服务企业？/172
6. 物业服务企业有哪些权利和义务？/172
7. 物业服务企业与业主委员会之间是什么关系？/174
8. 物业服务合同主要包含哪些内容？/175
9. 什么是物业管理服务费？/175
10. 物业管理服务费的收费标准是怎样的？/176
11. 什么时候应当开始交物业管理服务费？/177
12. 如何划分物业服务企业和业主的维修责任？/177

第12章 房产投资

12.1 投资要诀 / 180
1. 如何选择最佳的购房投资时机？ / 180
2. 如何判断房产的投资价值？ / 181
3. 如何粗略估算二手房的价格？ / 184
4. 房产投资有哪些收益方式？ / 185

12.2 别墅投资 / 185
1. 为什么说投资别墅前景好？ / 185
2. 别墅投资要关注哪些要点？ / 186

12.3 商铺投资 / 187
1. 投资哪种类型商铺好？ / 187
2. 商铺投资要注意哪些要点？ / 189
3. 商铺投资有哪些风险？ / 190

12.4 写字楼投资 / 191
1. 为什么说投资写字楼好？ / 191
2. 投资写字楼要考虑哪些因素？ / 192
3. 选择高端写字楼还是低端写字楼投资好？ / 194
4. 自用型写字楼投资者应重点关注哪些要点？ / 195
5. 出租型写字楼投资者应重点关注哪些要点？ / 196

12.5 公寓投资 / 196
1. 投资哪一种公寓类型好？ / 196
2. 公寓投资有哪些选择要点？ / 198

12.6 产权式酒店投资 / 199
1. 投资产权式酒店有哪些优势？ / 199
2. 投资产权式酒店要关注哪些要点？ / 199

12.7 车位投资 / 201

1. 为什么说车位投资前景好？/ 201
2. 车位投资应重点关注哪些要点？/ 201
3. 哪些类型的车位不能投资？/ 202

第13章 房屋出售与出租

13.1 房屋出售 / 204

1. 出售二手房有哪些方式？/ 204
2. 委托中介公司出售二手房要注意哪些问题？/ 204
3. 如何确定合理的二手房出售价格？/ 205
4. 如何将二手房卖出一个好价格？/ 206

13.2 房屋出租 / 207

1. 哪些类型的房屋不能出租？/ 207
2. 如何将房屋快速出租？/ 207
3. 出租房屋要注意哪些问题？/ 209
4. 房屋租赁合同一般包含哪些内容？/ 210
5. 什么情况可以解除房屋租赁合同？/ 211
6. 一定要办理房屋租赁登记手续吗？/ 212

13.3 租房 / 212

1. 寻找出租房源有哪些途径？/ 212
2. 租房者看房时要关注哪些要点？/ 213
3. 租房者应如何跟业主谈价？/ 214
4. 租房者签订租赁合同时要注意哪些细节？/ 214
5. 房屋交接时要注意哪些要点？/ 215

第 1 章
常见的房屋类型

1.1 房屋开发类型

1. 什么是商品房？

商品房是指由房地产开发企业开发建设并出售、出租的房屋。其按法律法规及有关规定可在市场上自由交易，包括新建商品房、存量房等。它是房地产开发企业开发建设的供销售的房屋，能办理产权证和国土证，可以自定价格出售。

2. 什么是存量房和增量房？

存量房是指已被购买或自建并取得所有权证书的房屋。

增量房是指房屋开发一级市场所开发出的新房，是相对于存量房而言的房屋，包括商品房和经济适用房的预售房和现房。

3. 现房、准现房、期房、楼花分别指什么？

现房是指房地产开发企业已办妥房地产权证（大产证）的商品房，购房者在这一阶段购买商品房时应签出售合同。通常意义上现房是指项目已竣工可入住的房屋。

准现房是指房屋主体已基本封顶完工但未竣工验收的房屋，小区内的楼宇及设施的大致轮廓已初现，户型、楼间距等重要因素已经一目了然，工程正处在内外墙装修和进行配套施工阶段的房屋。

期房是指房地产开发企业从取得商品房预售许可证开始至取得房地产权证（大产证）止的商品房。购房者在这一阶段购买商品房时应签预售合同。期房销售在我国港澳地区称为卖"楼花"，这是当前房地产开发企业普遍采用的一种房屋销售方式。购买期房也就是购房者购买尚处于建造之中的房地产项目。

楼花，在我国香港早期是指未完工的物业（即在建物业），现在一般指未正式交付之前的商品房。

4. 什么是尾房？

尾房又称扫尾房，它是房地产业进入散户零售时代的产物，是空置房中的一种。一般情况下，当商品房屋销售量达到90%后，就进入房地产项目清盘销售阶段，此时所销售的房产，一般称为尾房。房地产开发企业经过正常的销售后剩下了少量没有竞争力的房子，这些房子或朝向不好、采光不足，或楼层不佳、位处两级等。

5. 毛坯房、成品房和装修房有什么区别？

毛坯房是指商品房交付使用时只有门框没有门或只有外门，墙面地面仅做基础处理而未做表面处理的房。

成品房是指对墙面、顶棚、门套、地板实行装修的商品房。

装修房是指在成品房装修基础上，对卫生间和厨房进行整体厨卫装修的商品房。

1.2 房屋产权类型

1. 什么是私房和公房？

私房也称私有住宅、私产住宅。它是由个人或家庭购买、建造的住宅。在农村，农民的住宅基本上是自建私有住宅。公有住房通过住宅消费市场出售给个人和家庭，也就转为私有住宅。

公房也称公有住房或国有住宅。它是指由国家以及国有企业、事业单位投资兴建、销售的住宅，在住宅未出售之前，住宅的产权（拥有权、占有权、处分权、收益权）归国家所有。目前居民租用的公有住房，按房改政策分为两大类：一类是可售公有住房，一类是不可售公有住房，这两类房均为使用权房。其中，归房管局管理的称为直管公房；归各单位管理的称为自管公房。

可售公房按成本价向工薪阶层出售，它是按房屋建造成本制订的售房价格，包括征地和拆迁补偿费、勘察设计及前期工程费、建安工程费、小区基础设施配套费、管理费、贷款利息和税金等七项因素。

不可售公房是指根据现行房改政策还不能出售给承租居民的公有住房。它主要包括旧式里弄、新式里弄、职工住房等厨房、卫生合用的不成套房屋，也包括部分

公寓、花园住宅等成套房屋。

2. 什么是房改房？

房改房又称为已购公有住房，是指城镇职工根据国家和县级以上地方人民政府有关城镇住房制度改革政策规定，按照成本价或者标准价购买的已建公有住房。按照成本价购买的，房屋所有权归职工个人所有，按照标准价购买的，最初职工拥有部分房屋所有权，一般在5年后归职工个人所有。

这类房屋来源一般是单位购买的商品房、自建房屋、集资建房等。

3. 保障性住房有哪些类型？

保障性住房是指政府提供优惠政策，限定建设标准、供应对象、承租或销售价格，具有保障性质的政策性住房。主要包括经济适用住房、廉租住房、公共租赁住房、单位集资建房等。

根据规定，市、县国土资源、住房城乡建设（房地产、规划）主管部门要共同建立保障性住房、棚户区改造住房、公共租赁住房、中小套型普通商品住房建设项目行政审批快速通道，加快住房项目的供地、建设和上市，尽快形成住房的有效供应。

4. 什么是经济适用住房？

经济适用住房是指政府提供政策优惠，限定套型面积和销售价格，按照合理标准建设，面向城市低收入住房困难家庭供应，是与一般商品房相对而言的一种具有社会保障性质的商品房，具有经济性和适用性。经济性是指房屋价格相对于市场价比较低，旨在适应中低收入家庭的承受能力；适用性是指在住房设计及其建筑标准上强调住房的使用效果，而不是通过降低标准来降低房价。

经济适用住房的价格控制主要是通过政府给予用地、计划、规划、拆迁和税费等方面的政策扶持实现的。

5. 哪类家庭可以申请购买经济适用住房？

符合以下条件的城市低收入家庭可以申请购买经济适用住房：

1) 具有当地城镇户口。

2) 家庭收入符合市、县人民政府划定的低收入家庭收入标准。

3) 无房或现住房面积低于市、县人民政府规定的住房困难标准。

经济适用住房资格申请采取街道办事处（镇人民政府），市（区）、县人民政府逐级审核并公示的方式认定。审核单位应当通过入户调查、邻里访问以及信函索证等方式对申请人的家庭收入和住房状况等情况进行核实。申请人及有关单位、组织或者个人应当予以配合，如实提供有关情况。

经审核公示通过的家庭，由市、县人民政府经济适用住房主管部门发放准予购买经济适用住房的核准通知，注明可以购买的面积标准，然后按照收入水平、住房困难程度和申请顺序等因素进行轮候。

但以下城市低收入家庭不能购买经济适用住房：

1) 已参加福利分房的家庭在退回所分房屋前不得购买经济适用住房。

2) 已购买经济适用住房的家庭不得再购买经济适用住房。

6. 什么是集资房？

单位集资建房简称集资房，根据2007年《经济适用住房管理办法》规定，距离城区较远的独立工矿企业和住房困难户较多的企业，在符合土地利用总体规划、城市规划、住房建设规划的前提下，经市、县人民政府批准，可利用单位自用土地进行集资合作建房。参加单位集资合作建房的对象，必须限定在本单位符合市、县人民政府规定的低收入住房困难家庭。单位集资建房是经济适用住房的组成部分，其建设标准、优惠政策、供应对象、产权关系等均按照经济适用住房有关规定严格执行。

集资房是改变住房建设由国家和单位统包的制度，实行政府、单位、单位职工个人三方面共同承担，通过筹集资金建造的房屋。职工个人可按房价全额或部分出资，政府及相关部门在信贷、建材供应、税费等方面给予部分减免。集资所建住房的权属，按出资比例确定。个人按房价全额出资的，拥有全部产权；个人部分出资的，拥有部分产权。

7. 什么是廉租住房？

廉租住房简称廉租房，是指政府以租金补贴或实物配租的方式，向符合城镇

居民最低生活保障标准且住房困难的家庭提供社会保障性质的住房。廉租房只租不售，向城市低收入困难家庭出租，只收取象征性的房租。

廉租住房保障方式实行货币补贴和实物配租等相结合。货币补贴是指县级以上地方人民政府向申请廉租住房保障的城市低收入住房困难家庭发放租赁住房补贴，由其自行承租住房。实物配租是指县级以上地方人民政府向申请廉租住房保障的城市低收入住房困难家庭提供住房，并按照规定标准收取租金。

实施廉租住房保障，主要是通过发放租赁补贴，增强城市低收入住房困难家庭承租住房的能力。廉租住房紧缺的城市，应当通过新建和收购等方式，增加廉租住房实物配租的房源。

8. 什么是公共租赁住房？

公共租赁住房是指政府提供政策优惠，限定套型面积和出租价格，按照合理标准筹集，主要面向低收入住房困难家庭出租的具有保障性质的住房。公共租赁住房只能用于承租人自住，不得出借、转租或闲置，也不得用于从事其他经营活动。承租人购买、受赠、继承或者租赁其他住房的，应当退出。

公共租赁住房租金水平，由市、县人民政府统筹考虑住房市场租金水平和供应对象的支付能力等因素合理确定，并按年度实行动态调整。符合廉租住房保障条件的家庭承租公共租赁住房的，可以申请廉租住房租赁补贴。

9. 什么是限价房？

限价房是指通过多种形式筹集，限定套型和销售价格，实行定向销售，用于解决城镇中低收入家庭和特殊群体住房困难的政策性住房。限价房，又称限房价、限地价的"两限"商品房，是一种限价格、限套型（面积）的商品房，主要解决中低收入家庭的住房困难，是目前限制高房价的一种临时性举措，并不是经济适用房。限价商品房按照"以房价定地价"的思路，采用政府组织监管、市场化运作的模式建造、售卖。与一般商品房不同的是，限价房在土地挂牌出让时就已被限定房屋价格、建设标准和销售对象，政府对房地产开发企业的开发成本和合理利润进行测算后，设定土地出让的价格范围，从源头上对房价进行调控。限价房主要针对两部分人群：一是具备一定房产消费的人群，二是定向购买的拆迁户。

10. 什么是安居房？

安居房即安居工程住房或平价房，是指由国家安排贷款和地方自筹资金建设（一般为4∶6）的面向广大中低收入家庭的非营利性住房，建筑面积一般控制在 $55m^2$ 以下。安居房要求精心设计，保证施工质量，提高和改善住宅的使用功能。安居房只售给中低收入家庭，优先出售给无房户、危房户和困难户。

安居房包括按规定出售或出租给国家机关、事业单位、企业单位职工的准成本房、全成本房、全成本微利房和社会微利房。

安居房在同等条件下优先出售给离退休职工、教师中的住房困难户，不售给高收入家庭。成本价由征地和拆迁补偿费、勘察设计和前期工程费、建安工程费、住宅小区基础设施建设费（小区级非营业性配套公建费，一半由城市人民政府承担，一半计入房价）、1%~3%的管理费、贷款利息和税金等七项因素构成。

1.3 房屋产品类型

1. 住宅和非住宅分别包括哪些类型？

住宅是专供人们居住用的房屋。它主要包括普通居住用房、别墅、公寓、宿舍用房等，职工单身宿舍和学生宿舍等也包括在内。

非住宅是指除了住宅以外的非居住用房屋，包括办公用房、商业用房和厂房仓库等。

2. 普通住宅和豪华住宅分别指什么？

普通住宅是指按所在地一般民用住宅建筑标准建造的居住用房屋。

豪华住宅是指按超出一般民用住宅建筑标准建造的高标准住宅，通常包括别墅和高档公寓。

别墅是指在郊区或风景区建造的舒适式园林住宅，一般拥有私家车库、花园、草坪、院落等。

高档公寓是指其单位建筑面积造价通常高于当地一般民用住宅造价一倍以上的公寓，通常为跃层式住宅、顶层有花园的住宅或配有电梯的多层住宅，并拥有较好的绿化、商服、物业管理等配套设施。

3. 什么是花园式住宅、公寓式住宅和单元式住宅？

花园式住宅也称为西式洋房、小洋楼、花园别墅或花园洋房，是带有花园草坪和车库的独院式平房或二三层小楼，建筑密度很低，内部居住功能完备，装修豪华，并富有变化，一般为高收入者购买。

公寓式住宅是相对于独院独户的西式别墅住宅而言的。一般建在大城市，大多数是高层，标准较高，每一层内有若干单户独用的套房，包括卧室、起居室、客厅、浴室、厕所、厨房、阳台等，供一些常往来的中外客商及其家眷中短期租用。

单元式住宅又称为梯间式住宅，是以一个楼梯为几户服务的单元组合体，一般为多层、高层住宅所采用。居住单元是指一个楼梯里有几户，俗称一梯两户、一梯四户等。单元式住宅的基本特点：

1）每层以楼梯为中心，每层安排户数较少，一般为2~4户，大进深的每层楼梯可服务于5~8户，住户由楼梯平台进入分户门，各户自成一体。

2）户内生活设施完善，既减少住户之间的相互干扰，又能适应多种气候条件。

3）建筑面积较小，可以标准化生产，造价经济合理。

4）保留一定的公共使用面积，如楼梯、走道、垃圾道，保持一定的邻里交往，有助于改善人际关系。单元式住宅一经建造使用，便被社会所接受，并推广到世界绝大多数国家和地区。

4. 公寓和住宅有什么区别？

公寓和住宅主要有以下几个方面的区别：

1）公寓为商用，水电费按商用算，土地使用年限为50年，不可以迁户口。住宅水电费按民用算，土地使用年限为70年。

2）公寓缴纳的税费和土地出让金都比住宅要高，所以公寓销售价格比住宅稍高。

3）公寓普遍的特点是位置处于中心地段，一般以小户型全装修形式出现。居住人群主要以长住的商务客群为主，看重的是便利的位置和准酒店式的居住体验，以及比酒店低的租金。但也有极个别的是不同的产品，如上海的王子晶品，是大户型超豪华的产品，其客群层次更高，以家庭一起过来居住的长住商务客为主。这类人群通常只是住个一年半载的，所以对于酒店式的享受很在乎，同时对于有无燃气供应、水电是否平价并不在乎。

4）公寓要在保证基本居住功能的基础上，更讲究舒适性、功能的完备性、服务和结构的合理性。首先，单套公寓的面积要达到120m^2，这样它才能在室内功能分区上做得比较好，面积过小，就不能体现分区，那么舒适性和功能性就会大打折扣。而且，公寓的空间容积也应该大，这个空间容积主要体现在层高上，早期的一些住宅，不太强调层高的问题。公寓的平面面积大了，如果层高不够的话，容易让人产生压抑感，所以公寓一般要求层高在2.8m以上。在配套上，公寓要达到24h电梯和24h热水的标准。

5）在建筑质量和建筑标准上，公寓基本以板楼为主，通风性好，阳光充足，其他的公寓和住宅没有什么本质区别。

6）普通住宅一般是以家庭为单位居住，两室和三室为主力，品质档次高低不同。居住人一般会考虑居住环境、绿化、学校等配套。由于是长期居住，因此居住人群也关注物业费、水电费等开支以及交通是否便利，但是较之商用人群还是有一定容忍度，允许相关的生活配套设施后期再不断完善。

5. 普通公寓、商务公寓、酒店式公寓、产权式酒店公寓有什么不同？

公寓是商业地产投资中最为普遍的一种地产形式，它不属于自住型物业，而是暂住性物业。其主要作为中高等收入人群，短程商旅或旅游短期租用。公寓包括普通公寓、商务公寓、酒店式公寓、产权式酒店公寓等类型。

（1）普通公寓

大部分普通公寓产权属于住宅性质，只是打着公寓的名号。以前的普通公寓主要是从烂尾的酒店、尾盘或户型较差的户型单元改造而成；现在大部分都是小户型住宅单元产品，但是通过营销的手段，以公寓的性质销售。

（2）商务公寓

商务公寓是既能办商务又可以栖身的一种产物，但在建筑术语中没有这种称谓，这是人们按照功能界定的一个不规范的俗称。商务公寓除了自住客户外，很多

用于小型公司的办公地。

（3）酒店式公寓

酒店式公寓也是公寓，只不过它与酒店融为一体，软件和硬件与酒店相似。酒店式公寓是一种只做服务、没有酒店经营的纯服务公寓。酒店式公寓最早源于欧洲，是当时旅游区内租给游客，供其临时休息的物业，由专门管理公司进行统一上门管理，既有酒店的性质又相当于个人的"临时住宅"。国内的酒店式公寓最早出现在深圳，然后在上海、北京等地均有开发，经济发达程度是酒店式公寓立项的基本条件。

酒店式公寓作为近年来一种新兴的物业类型，由于地段好、总价低、易出租，既可以出售换取买卖差价，也可以收取租金换取长期的投资收益等特点，成为不少市民置业投资的首选。

酒店式公寓作为国内能够提供酒店水准服务与管理的高档公寓，一般依托于4~5星级酒店而存在，在酒店管理机构的统一管理下经营。酒店式公寓是酒店长租客房的一个变种，对客户来说，是比较便宜而且可以享受比较自由住家生活的酒店客房。

（4）产权式酒店公寓

产权式酒店公寓是指房地产开发企业将酒店的每个单元出售给个体买房者，由拥有产权的业主或者委托酒店管理公司统一出租经营。所以，可以说它是拥有私人产权的酒店。产权式酒店没有公寓的功能，是一种投资性物业，业主缺乏相对的自行处置权，只是每年拿固定回报，还有若干免费进住权，有点像分时度假酒店。

6. 什么是商住楼、商务楼和办公楼？

商住楼是指既能办公又能住宿的楼宇。在现代，不少大楼将办公、住宿、商务活动等功能综合在一起，又称为综合性多功能写字楼。

商务楼是指提供各种商务活动的楼宇，除了办公室以外一般还有展示厅、会议厅、洽谈室等，但主要部分仍然是办公室。

办公楼即写字楼，是指企业、事业、机关、团体、学校、医院等单位的办公用房屋。其中，档次较高的、设备较齐全的为高标准写字楼，条件一般的为普通办公用房。国际上判断甲级写字楼有八大标准：管理国际化、24h开放、人性化、空间舒适实用、数字化、节能化、交通便捷和商务化。写字楼的作用是集中进行信息的收集、决策的制订、文书工作的处理和其他形式的经济活动管理。作为收益性物业，写字楼也常常被用来全部出租，以收回投资和取得利润。

7. 什么是STUDIO？

STUDIO，在英文中的意思是工作室，在国内属比较新的产品类型，在国际上也没有形成定论。STUDIO有以下几个特点：

1）针对中小型服务企业，这些企业一般的规模在10人以下，尚未形成强大的经济支柱，又迫切需要发展并注重形象。该类企业一般为服务性行业，如创意设计、贸易、信息咨询、媒体、摄影、漫画、音乐、软件开发等行业。

2）相对于写字楼面积更小。

3）对地段要求较高、交通方便、周边配套设施齐全。

4）灵活小巧的空间设计。

5）共享一流资源，包括共用律师、会计师、秘书，专业全程代办公司注册。

6）商住两用等。

8. 什么是LOFT？

LOFT，英语的意思是指工厂或仓库的楼层，现指没有内墙隔断的开敞式平面布置住宅。LOFT发源于20世纪六七十年代美国纽约的建筑，现逐渐演化成为一种时尚的居住与生活方式。它的定义要素主要包括高大而开敞的空间，上下双层的复式结构，类似戏剧舞台效果的楼梯和横梁；流动性，户型内无障碍；透明性，降低私密程度；开放性，户型间全方位组合；艺术性，通常是业主自行决定所有风格和格局。

LOFT是同时支持商住两用的楼型，所以主要消费群体分为追求个性的和强调功能的两大类。前一类，如许多年轻人以及艺术家，甚至包括一些IT企业。后一类，如一些比较需要空间高度的，如电视台演播厅、公司产品展示厅等。

9. 什么是SOLO？

SOLO指的是超小的户型，每套建筑面积在35m^2以内，卧室和客厅没有明显的划分，整体浴室，开敞式环保节能型整体厨房。公共空间也SOLO化，如拥有24h便利店、24h自助型洗衣店、24h自助式健身房等。SOLO的消费群体是年轻人，他们或是外地人，或是本地想独立的年轻人。他们的共同点是大学毕业不久，积蓄有

限，但是收入稳定，渴望独立生活，通常有两次置业的心理准备。

10. 什么是智能化住宅？

智能化住宅是将各种家庭自动化设备、计算机及其网络系统、建筑技术与艺术有机结合，从而实现住户可以在任何时间、任何地点进行家庭遥控管理或与外界进行联系的住宅。智能小区由众多智能楼宇组成，旨在通过高度集成的通信和计算机网络，把社区的保安、物业、服务及公共设施连接起来，实现智能化和最优化管理，使小区内居民可以24h与社区医院、学校、超市、娱乐场所等处联络。

1.4 房屋建筑类型

1. 什么是低层房屋？

低层房屋是指高度低于或等于10m的建筑物，一般是1~3层建筑物，包括平房、别墅等。低层房屋一般建筑结构简单，施工期短，建造成本低廉，给人以亲切安宁、有天有地的感觉。它的舒适度、方便度和空间尺度优于高层。但是，低层房屋占地多，土地利用率低，特别是在寸土寸金的城市难以广泛开发。

2. 什么是多层房屋？

多层房屋是指高于10m、低于或等于24m的建筑物。多层房屋一般为4~8层，一般采用砖混结构，少数采用钢筋混凝土结构。多层房屋一般规格（户型）整齐，通风、采光状况好，空间紧凑而不闭塞。与高层相比，多层房屋公用面积少，得房率相应提高，这是很多人喜欢多层房屋的主要原因。

3. 什么是小高层房屋？

小高层房屋是指高于24m，一般为8~12层的建筑，一般采用钢筋混凝土结构，带电梯。小高层有多层亲切安宁、户型好、得房率高的特点，又有普通高层结构强度高、耐用年限高、景观系数高、污染程度低等优点，很受购房者欢迎。同时，小高层对土地的利用率提高，土地成本相对下降，很受房地产开发企业的青睐。

4. 什么是高层房屋？

高层房屋是指13层以上、24层以下的建筑体，因为建筑结构和建筑形态（点状居多）的局限，户型设计难度大，要做到每套室内全明、采光通风良好是有很大难度的。

在城市中心区，高层有它的优势：

1）对房地产开发企业来说，单位建筑面积土地成本（即"楼面地价"）低。

2）对住户来说，视野开阔，景观系数高，尘土、噪声、光线污染也少，建筑结构强度高，整体性强。

但高层房屋也有明显的缺点：

1）结构工艺比较复杂，对材料性能要求高，自重大，对基础要求高，施工难度较大，建筑造价相应提高。

2）高层房屋电梯、楼道、机房、技术层等公用部位占用面积大，得房率低。

3）如果电梯质量不可靠，物业管理不正常，容易产生安全隐患。

5. 什么是超高层房屋？

超高层房屋是指超过24层或100m以上的建筑体。超高层房屋楼面地价最低，但建筑安装成本高。它给人以气派、雄伟的感觉，可以满足一些购房者对视野、景观的要求。超高层房屋一般建在城市黄金地段（最大限度地利用土地资源）或景观良好的城区（最充分地发挥景观资源的作用）。

6. 板楼和塔楼有什么区别？

板楼是指由多个住宅单元组合而成，每单元均设有楼梯或楼梯、电梯皆有的住宅；每个单元用自己单独的楼梯、电梯。板楼又称排楼，是并排兴建而成的建筑体，一般为多层或小高层。从其外观看不一定是呈一字形，也可以是拐角、围合等形状。

塔楼主要是指以共用楼梯、电梯为核心布置多套住房的高层住宅。通俗地说，塔楼以电梯、楼梯为布局核心，上到楼层之后，向四面走可以直接进入户内。塔楼的基本形式：传统的塔楼形式有十字形、井字形和方形塔楼，改良后的塔楼形式为蝶形塔

楼。板楼的售价明显高于塔楼，传统塔楼对采光、通风、活动空间做了牺牲，对于没有明显板楼、塔楼偏好的购房者而言，蝶形塔楼帮助实现了成本与户型的平衡。

与传统塔楼相比，蝶形塔楼的建筑特征有以下几点：

（1）外形轻盈

蝶式建筑一般是"半蝶半塔"，户户紧密相连，像没有张开翅膀的蝴蝶，改变了传统塔楼外观体态的臃肿，体态轻盈秀丽，外观比较新颖。

（2）朝向、采光、通风上有突破

蝶形建筑设计还有效地避免了小区内各栋楼宇之间相互遮挡的弊端，使多数单元都是南北朝向，实现了在采光、通风性能上的突破。

（3）斜角存在成为新问题

蝶式建筑中因各户间连接依然紧密，户与户之间的相互影响、相互依赖还比较大，所以产生很多在户型设计中难以避免的斜角问题，这既是蝶式建筑的标签之一，也是蝶式建筑为寻求突破而必须跨越的障碍。

7. 什么是错层住宅？

错层住宅是指每套住宅的不同使用功能不在同一平面层上，形成多个不同标高平面的使用空间和变化的视觉效果。住宅室内环境错落有致，极富韵律感。错层住宅的结构方式主要分为：

1）左右错层，即东西错层，一般为起居室和卧室错层。

2）前后错层，即南北错层，一般为客厅和餐厅错层。

错层住宅利用平面上的错落，使静与动、食与寝、会客与餐厅的功能分区，避免相互干扰，有利于形成具有个性的室内环境。错层上下尺度一般为30~60cm，因为目前住宅层高为2.8m，净高约2.62m。错层若大于60cm高差，要注意上部楼板结构梁和板底的相对高度，避免碰头或产生压迫感。如果错层上下高差较大，可采用其他错层形式，如"L""冂"形。

8. 什么是跃层式住宅？

跃层式住宅的特点是住宅占有上下两层楼面，卧室、起居室、客厅、卫生间、厨房及其他辅助用房可以分层布置，上下层之间的交通不通过公共楼梯而采用户内独用小楼梯连接。跃层式住宅的优点是每户都有两层或两层合一的采光面,即使朝向不好,也可以通过增大采光面积弥补,通风较好,户内居住面积和辅助面积较大,布局紧凑,功能明确,相互干扰较小。不足之处是安全出口相对狭小。

9. 什么是复式住宅?

复式住宅是受跃层式住宅启发而创造设计的一种经济型住宅。这类住宅在建造上仍每户占有上下两层,实际是在层高较高的一层楼中增建一个1.2m的夹层,两层合计的层高要大大低于跃层式住宅(复式为3.3m,而一般跃层为5.6m),复式住宅的下层供起居用、炊事、进餐、洗浴等,上层供休息睡眠和储藏用,户内设多处入墙式壁柜和楼梯,中间楼板也即上层的地板。

复式住宅的经济性体现在:

1)平面利用系数高,通过夹层复合,可使住宅的使用面积提高50%~70%。

2)户内的隔层为木结构,将隔断、家具、装饰融为一体,既是墙又是楼板、床和柜,降低了综合造价。

3)上部夹层采用推拉窗及墙身多面窗户,通风、采光良好,与一般层高和面积相同的住宅相比,土地利用率可提高40%。因此,复式住宅同时具备了省地、省工、省料的特点。

复式住宅在设计施工和使用上也有一些不足:

1)复式住宅的面宽大、进深小,如采用内廊式平面组合必然导致一部分户型朝向不佳,自然采光较差。

2)层高过低,如厨房只有2m高度,长期使用易产生局促憋气的不适感,储藏间较大,但层高只有1.2m,很难充分利用。

3)由于室内的隔断楼板均采用轻薄的木隔断,木材成本较高,且隔声、防火功能差,房间的私密性、安全性较差。

10. 什么是钢结构?

钢结构的主要承重构件是钢板和型钢等钢材,用焊、铆、螺栓等连接而成的结构。钢结构具有自重轻、强度高、延性好、施工快、抗震性好的特点。钢结构多用于超高层建筑、厂房、可移动可拆卸建筑等,造价较高。

11. 什么是钢筋混凝土结构？

钢筋混凝土结构，简称钢混结构，其结构材料是钢筋混凝土，即钢筋、水泥、粗细骨料（碎石）、水等的混合体。钢筋主要承受拉力，混凝土主要承受压力。这种结构的住宅具有抗震性能好、整体性强、抗腐蚀能力强、经久耐用等优点，并且房间的开间、进深相对较大，空间分割较自由。但这种结构工艺复杂，建筑造价较高。目前，多、高层住宅多采用这种结构。

钢筋混凝土结构又可依结构布置情况分为排架结构、框架结构、剪力墙结构、框架剪力墙结构、筒体结构等。

12. 什么是砖混结构？

砖混结构，也称混合结构，一般是指把砖砌体用作内外承重墙或隔墙，楼盖、屋盖、梁、柱（也可是砖柱）是钢筋混凝土作用在墙柱上的荷载，主要是由梁板传来的屋盖、楼盖上的活、恒荷载，它通过墙柱基础传到地基。作用在纵墙上的水平荷载（如风荷）一部分直接由纵墙传给横墙，另一部分则通过屋盖和楼盖传给横墙，再由横墙传至基础，最后传给地基。承重墙的厚度及长度是根据强度和稳定性的要求，通过计算来确定的。由于抗震的要求，这种结构一般在6层以下。

13. 什么是砖木结构？

砖木结构承重的主要结构是用砖、木材建造的，如一栋房屋是木质结构房架、砖墙、木柱建造的。一般适用于两层以下建筑。

14. 什么是承重墙结构？

承重墙结构的传力途径：屋盖的重量由屋架（或梁柱）承担，屋架支撑在承重墙上，楼层的重量由组成楼盖的梁、板支撑在承重墙上。因此，屋盖、楼层的荷载均由承重墙承担；墙下有基础，基础下为地基，全部荷载由墙、基础传到地基上。砖混结构的房屋就是承重墙结构。

15. 什么是框架结构？

框架结构是指以钢筋混凝土浇捣成承重梁柱，再用轻质板材隔墙分户装配，适合大规模工业化施工，效率较高，工程质量较好。

框架结构由梁柱构成，构件截面较小，因此框架结构的承载力和刚度都较低。它的受力特点类似于竖向悬臂剪切梁，楼层越高，水平位移越慢，高层框架在纵横两个方向都承受很大的水平力，这时现浇楼面也作为梁共同工作的装配整体式楼面的作用则不考虑。框架结构的墙体是填充墙，起围护和分隔作用。框架结构的特点是能为建筑提供灵活的使用空间。一般多层厂房或小高层民用建筑多属于框架结构。

16. 什么是剪力墙结构？

剪力墙是指在框架结构内增设的抵抗水平剪切力的墙体。因高层建筑所要抵抗的水平剪力主要是由地震引起的，故剪力墙又称防震墙。

剪力墙结构是用钢筋混凝土墙板来代替框架结构中的梁柱，能承担各类荷载引起的内力，并能有效控制结构的水平力，这种用钢筋混凝土墙板来承受竖向和水平力的结构称为剪力墙结构。这种结构在高层房屋中被大量运用，改间隔时不能打剪力墙及随意开洞，以免破坏剪力墙的整体性。

17. 什么是框架剪力墙结构？

框架剪力墙结构也称框剪结构，是由框架和剪力墙结构两种不同的抗侧力结构组成的新的受力形式，所以它的框架不同于纯框架结构中的框架，剪力墙在框剪结构中也不同于剪力墙结构中的剪力墙。因为在下部楼层，剪力墙的位移较小，它拉着框架按弯曲型曲线变形，剪力墙承受大部分水平力，上部楼层则相反，剪力墙位移越来越大，有外侧的趋势，而框架则有内收的趋势，框架拉剪力墙按剪切型曲线变形。

1.5 商业地产

1. 什么是商业地产？

商业地产是商业房地产的简称，又称商业物业，我国港台及国外的普遍叫法是零售不动产，它兼有地产、商业、投资三方面的特性，既区别于单纯的投资和商

业，又有别于传统意义上的房地产行业。

商业地产的功能多样化，既有能满足市民购物、饮食、娱乐、休闲等需求的社会功能，又有能满足商家经营、商务活动、市民投资等需要的经济功能。

从广义上讲，商业地产是指用于各种零售、餐饮、娱乐、健身、休闲、文化交流等经营用途的房地产形式，从经营模式、功能和用途上区别于普通住宅、公寓、别墅、工业地产、旅游地产、物流园区等房地产形式。酒店、写字楼、专业市场都属于广义商业地产的范畴。其物业类型主要包括商业街、购物中心、商场、专业市场、住宅底商、商铺、写字楼、酒店等。

2. 商业地产有什么类型？

按照不同的划分方式，商业地产可以分为不同的类型。

（1）按行业类别分类

商业地产按行业类别可以划分为零售功能商业地产、娱乐功能商业地产、餐饮功能商业地产、健身服务及休闲功能商业地产、商品批发商业地产、居住以及办公用商业地产等。

1）零售功能商业地产。零售功能商业地产以商品零售为主要功能，通常规模比较大，比如百货商场、商业街、购物中心等。

2）娱乐功能商业地产。娱乐功能商业地产以娱乐为主要功能，通常和其他类型的商业地产融合发展，比如电影城、娱乐城、KTV等。

3）餐饮功能商业地产。餐饮功能商业地产以餐饮为主要功能，呈现独体和融合发展的特点，比如大型饭庄、快餐小吃、冷饮店等。

4）健身服务及休闲功能商业地产。健身服务及休闲功能商业地产以健身休闲为主，比如健身中心、美容院等。

5）商品批发商业地产。商品批发商业地产以商品批发为主要功能，为B2B商品集散地，比如各种专业市场、商贸城等。

6）居住以及办公用商业地产。居住以及办公用商业地产是指为人们提供办公场所和居住场所的写字楼物业和服务型公寓，比如写字楼、酒店式公寓等。

（2）按所处位置分类

商业地产按所处位置可以划分为市中心商业区、区域商业中心、居住区商业、街坊商业、新城商业中心、中心镇商业、一般镇商业等。

1）市中心商业区。市中心商业区位于城市规划的中心商业区或历史形成的商业集聚地。其功能定位为购物、文化、娱乐、休闲、旅游,并与金融、商务结合。

2）区域商业中心。区域商业中心位于商务集聚地、公共交通集散地周边。其功能定位为购物、文化娱乐、休闲。

3）居住区商业。居住区商业位于人流集中、交通便利的地段。其功能定位为居民的日常生活提供必要的服务。

4）街坊商业。街坊商业位于街坊主要出入口居民主要途经地。其功能定位为提供日常必需商品及便利服务。

5）新城商业中心。新城商业中心位于城市规划的新城中心商业区或人流集中、交通便利的地段。其功能定位为购物、文化娱乐、休闲、旅游,并与金融结合。

6）中心镇商业。中心镇商业位于人流集中地。其功能定位为购物、旅游、为农民服务。

7）一般镇商业。一般镇商业位于镇街区、农贸集散地周边。其功能定位为提供日常商品、提供生活服务与为农民服务。

（3）按物业类型分类

商业地产按物业类型可以划分为商业街商铺、市场类商铺、社区商铺、百货商场/购物中心商铺、商务楼/写字楼商铺、交通设施商铺等。

1）商业街商铺。商业街商铺是以平面形式按照街的形式布置的单层或多层商业地产形式,其沿街两侧的铺面及商业楼里面的铺位都属于商业街商铺。

2）市场类商铺。市场类商铺是指各种用于某类或综合商品批发、零售、经营的商业楼宇中的店铺位。

3）社区商铺。社区商铺是指位于住宅社区内的商用铺位,其经营对象主要是住宅社区的居民。一般位于住宅建筑底层（可以包括地下1、2层及地上1、2层或其中部分楼层）,以满足居民日常生活需求为主,如便利店、药店、小餐饮店等。

4）百货商场/购物中心商铺。百货商场/购物中心商铺是指百货商场、各种购物中心里面的铺位。

5）商务楼/写字楼商铺。商务楼/写字楼商铺是指酒店、商住公寓、俱乐部、

会所、展览中心、写字楼里面用于商业用途的商业空间。这类商铺的规模相对较小，但商业价值值得关注。

6）交通设施商铺。交通设施商铺指地铁站、火车站、飞机场等交通设施里面及周边的商铺，及道路两侧各类中小型商铺，其经营对象以通勤、商旅客源为主。

（4）按经营方式分类

商业地产按经营方式可以划分为统一经营物业、分散经营物业。

1）统一经营物业。统一经营物业是指只租不售的商业物业，产权酒店和商务公寓采用较多。

2）分散经营物业。分散经营物业指除房地产开发企业返租之外的大部分商铺。

3. 什么是购物中心？

购物中心是由房地产开发企业规划、建设、统一管理的商业设施；拥有大型的核心店、多样化商品街和宽广的停车场，能满足消费者的购买需求与日常活动。

其规模巨大，集购物、休闲、娱乐、饮食等于一体，包括百货店、大卖场以及众多专业连锁零售店在内的超级商业中心。由管理者统一经营管理，是一个统一高级运作的有机整体。具有长廊、广场、庭院的特点，就是在建筑物的遮蔽下，不论天气如何，都可以进行休闲、购物或聚会。而百货大楼只是针对货品进行分门别类的商店，是无法向消费者提供如漫步在长廊、广场、庭院般悠闲购物、享受的空间的。

按购物中心的商场面积规模，可分为巨型/超级购物中心（24万m^2以上）、大型购物中心（12万~24万m^2）、中型购物中心（6万~12万m^2）、小型购物中心（2万~6万m^2）等类型。

按购物中心的选址地点，可分为都会型购物中心（位于市中心黄金商圈且连通地铁站）、地区型购物中心（位于市区非传统商圈，但交通便捷）、城郊型购物中心（位于城郊）、社区购物中心（位于大型居民社区内）等类型。

4. 什么是商业街？

商业街是指众多不同规模、不同类别的商店有规律地排列组合的商品交易场所，其存在形式分为带状式商业街和环形组团式商业街。它由众多的商店、餐饮店、服务店共同组成，并且按一定结构比例规律排列，能满足人们购物、餐饮、文化、娱乐、旅游、观光等多种需求。

商业街可以是社区商铺形成的商业街，可以是专业批发市场中的商业街，可以是购物中心、百货商场中的室内商业通道，更可以是城市综合体中的商业步行街；可以是露天的也可以有透光顶棚，可以有室内楼板完全遮盖，还可以是骑楼式、回廊式的商业街；可以是一侧设商业街，也可以两侧设商业街。

商业街是一种多功能、多业种、多业态的商业集合体，具有功能全、品种多、专业化程度高、购物环境优美、服务质量高等特征。

5. 什么是专业市场？

专业市场指相同系列的专业店、专卖店高度聚集的特色商业场所。以现货批发为主，集中交易某一类商品或若干类具有较强互补性或替代性商品。专业市场所呈现的是特定的客户定位、特定的经营行业定位，这是区别于其他商业形态的主要特征。

专业市场商铺的主要形式为铺位形式，其投资回收形式有采取商铺出租方式的，也有采取商铺出售方式的。

6. 什么是住宅底商？

住宅底商即住宅底层商铺，是指位于住宅等建筑物底层（可能包括地下1、2层及地上1~3层，或其中部分楼层）的商用铺位。

住宅底商在建筑形式上表现为依附于住宅楼的特点，整个楼的1层、2层或3层和地下层的用途为商业，楼上建筑的用途为居住。

住宅底商主要用于与人们生活密切相关的生活用品销售和生活服务设施。其中，零售型住宅底商的商业形态为便利店、中小型超市、药店、小卖部、书报厅及少量服装店等，服务型住宅底商的商业形态主要为餐厅、健身设施、美容美发店、银行、干洗店、彩扩店、花店、咖啡店、酒吧、房屋中介公司、装饰公司、幼儿园等。

7. 什么是酒店？

酒店又称为饭店、宾馆、旅店、旅馆等，是指为旅客提供住宿与餐饮及娱乐设施的建筑。酒店是营利的，要求取得合理的利润。

8. 什么是城市综合体？

城市综合体是将城市中的商业、办公、居住、旅店、展览、餐饮、会议、文娱和交通等城市生活空间的各项功能进行组合，并在各部分之间建立一种相互依存、相互助益的能动关系，从而形成一个多功能、高效率、复杂而又统一的建筑综合体，并将这些功能空间进行优化组合，存于一个有机系统中。

城市综合体内功能齐全、业态繁多，既可购物，也可休闲、运动、娱乐、观赏、交际，还可进行文化活动和商务活动，各功能之间联系紧密，互为补充，可实现自身完整的工作、生活配套营运体系，可以比较完整地满足不同人群的不同需要。

城市综合体主要有以下几个功能：

（1）商务

商务是现代城市的主要功能，操纵着城市大部分资金流和物流方向。一个区域空间能否提供充分、便捷的商务空间，决定着这一区域的城市地位和功能。城市综合体应用高规格空间满足不同企业的商务需求。企业的级别通常也能体现城市综合体的档次。

（2）商业

商业零售与人们的日常生活最密切，形成城市范围的市场并吸引和支持其他功能。零售更主要的是提供生活性、愉快性和丰富性，以满足人们的多样化选择，并形成热闹繁荣的街区，从而充分满足各类阶层的消费需求。

（3）居住

居住是城市开发的基本成分，是解决市中心居住问题，避免每天上下班长途跋涉造成交通拥挤和能源浪费的有效办法，同时居住为城市街区提供安全的生活空间。城市综合体的开发应为了节省时间和其他各类资源，完成综合体的聚合效应，从而满足城市其他阶层人士的居住需求。

（4）酒店

酒店是城市综合体中经济效益最好的项目，它为综合体提供流动的"居住"人口和活动的人，并提供娱乐设施和夜间服务，24h的服务使项目保持持久的繁荣并增强其活力。

(5) 休闲活动广场

休闲文化广场、公园会给城市综合体形成一个有节奏的缓冲区，可以聚集人气，满足城市综合体及其周边生活工作人群的休闲娱乐需求。

(6) 其他公共商务活动功能

其他公共商务活动功能如会所、展厅、电影院、交通枢纽等。通常，这些功能全部具备的城市综合体比较少，这点与商业的经济利益有直接关系，对于营利性不高或非营利性的功能空间，房地产开发企业通常不考虑。

9. 什么是零售业态？

零售业态简称业态。从事零售活动的基本单位和具体场所是商店，而商店依据销售形式不同又区分出不同的经营形态，即零售业态。

业态即经营的形态。业态是零售店向确定的顾客群提供确定的商品和服务的具体形态，业态是零售活动的具体形式。简单来说，业态就是指卖给谁、卖什么和如何卖的具体经营形式。

10. 零售业态主要有哪些类型？

美国把零售业态分为百货店、超级市场、折扣店、一般商品店、服装专卖店、仓库俱乐部、药店、方便店、杂货店等九类。日本对零售业态的分类与美国基本相同，但增加了自动售货机、邮购以及无店铺销售形式。我国把零售业态分为四大类，即百货商店、超级市场、专业（专卖）店和其他。

(1) 百货店

百货店是指在一个大建筑物内，根据不同商品部门设销售区，开展进货、管理、运营，满足顾客对时尚商品多样化选择需求的零售业态。百货店一般选址在城市繁华区、交通要道，规模大，以经营男装、女装、儿童服装、衣料、家庭用品为主，种类齐全、少批量、高毛利。目标顾客为中高档消费者和追求时尚的年轻人。

(2) 超级市场

超级市场是指采取自选销售方式，以销售食品、生鲜食品、副食品和生活用品为主，满足顾客每日生活需求的零售业态。超级市场一般选址在居民区、交通要道、商业区；以购买频率高的商品为主，种类繁多，毛利低，销量高；以居民为主

要销售对象。

(3) 专业店

专业店是指经营某一大类商品为主，并且具有专业知识丰富的销售人员和提供适当售后服务的零售业态。专业店一般设在繁华商业区、商店街或百货店、购物中心内，以经营某类商品为主，商品多具有自己的特色，一般为高利润。专业店的顾客多为流动顾客，主要满足消费者对某类商品的选择性需求。

(4) 专卖店

专卖店是指专门经营或授权经营制造商品牌和中间商品牌的零售业态。专卖店一般选址在繁华商业区、商店街或百货店、购物中心内。以企业品牌为主，销售体现量少、质优、高毛利。目标顾客以中青年为主。

(5) 便利店

便利店是指以满足顾客便利性需求为主要目的的零售业态。便利店一般选址在居民住宅区、主干线公路边以及车站、医院、娱乐场所、机关、团体、企事业所在地。所售商品有即时消费性、小容量、应急性等特点。商品价格略高于一般零售业态的商品价格。目标顾客主要为居民、单身者、年轻人，80%的顾客为有目的的购买。

(6) 折扣店

折扣店是大型商业项目的常见业态，一般位于购物中心高楼层或郊区，经营的货品都采用指定品牌加工，采购量大。折扣店商品价格比一般大卖场还低10%左右。

(7) 亭式摊位

独立的亭式摊位可作为香烟贩售摊、咖啡店、面包店、饮料店、报摊、花店及美发店等，同时也适合贩售纪念品、艺术品、手工艺品等，其贩售的商品往往具有休闲观赏性。目标顾客以流动顾客为主。

11. 什么是零售业种？

业种即经营的品种。狭义的业种是指经营的商品品种，面向顾客某类用途的商店营业种类。广义的业种是指所涉及的行业和服务，特征是卖什么或提供什么服务。

业种可分为以下几种类型：

1) 食品、饮料、烟草零售业。
2) 日用百货零售业。

3）纺织品、服装、鞋帽零售业。

4）日用杂品零售业。

5）五金、交电、化工零售业。

6）药品及医疗器械零售业。

7）图书报刊零售业。

8）其他零售业（包括家具零售业，汽车、摩托车及其零配件零售业，计算机及软件、办公设备零售业等）。

12. 什么是商圈？

商圈是指商店以其所在地点为中心，沿着一定的方向和距离扩展，吸引顾客的辐射范围，即来店顾客所居住的区域范围。无论大商场还是小商店，它们的销售总是有一定地理范围的。这个地理范围就是以商场为中心，向四周辐射至可能来店购买的消费者所居住的地点。

零售商店的销售活动范围通常都有一定的地理界限，也即有相对稳定的商圈。不同的商店由于所在地区、经营规模、经营方式、经营品种、经营条件的不同，商圈规模、商圈形态存在很大差别。同样一个零售商店在不同的经营时期受到不同因素的干扰和影响，其商圈也并不是一成不变的，而是时大时小。

商圈未必是个圆圈，交通是商圈地域划分的首要因素。商圈由三部分组成，即主圈、次圈和边圈。

13. 主圈、次圈和边圈分别指什么？

主圈即主要商圈，也称第一商圈或核心商圈，是指最接近商店的区域。在主要商圈内，消费者去商店购物最为方便，一般情况下，百货商店65%左右的顾客来自主要商圈。在主商圈内，顾客密度较高，每个顾客的平均购货额也最高，这一商圈很少与其他类型商店的商圈发生重叠，否则就易出现过度竞争。一般来说，小型商店的核心商圈在0.8km之内，顾客步行来店用时在10min以内；大型商场的核心商圈在5km以内，无论使用何种交通工具来店，平均不超过20min。

次圈即次要商圈，也称第二商圈，是指位于主要商圈外围的次要区域。在这一区域内，顾客较为分散，但消费者来店购买商品也较为方便，在次要商圈内聚集着

百货商店25%左右的顾客。一般来说，小型商店的次要商圈在1.5km之内，顾客步行来店用时在20min以内；大型商场的次要商圈在8km以内，无论使用何种交通工具来店，平均不超过40min。

边圈即边缘商圈，也称第三商圈，是指位于次要商圈以外的区域。在边缘商圈内，散居着百货商店约10%左右的顾客，在这个区域的消费者来商店购买商品不太方便。一般来说，小型商店的边缘商圈在1.5km以外，顾客步行来店用时在20min以上；大型商场的边缘商圈在8km以外，无论使用何种交通工具来店，平均在40min以上。

14. 什么是返租？

返租是指购房者在与房地产开发企业签订了商铺销售合同后（主要针对现铺），房地产开发企业许诺在未来的3~5年内每年给予购房者一定的租金回报（为8%~12%），而在这期间商铺的经营、管理和使用权都归房地产开发企业所有，这种形式的实质是房地产开发企业用一定的租金回报买断未来几年的经营权，然后统一招商和经营管理，以承担未来经营管理等不可预知风险的代价来做旺整个商场，给予购房者和承租户以足够的信心。

第 2 章
购房置业常见术语

让你成为房产专家

1. 什么是容积率?

容积率是指建设用地内的总建筑面积与建设用地面积之比,一般用小数表示。地下停车库、架空开放的建筑底层等建筑面积在计算容积率时可不计入。容积率越小,意味着居住、生活质量越高。

其中,建设用地面积也称总占地面积,是指城市规划行政主管部门确定的建设用地位置和界线所围合的用地之水平投影面积,不包括代征的面积。

总建筑面积也称建筑展开面积,是建筑物各层水平投影面积的总和,包括使用面积、辅助面积和结构面积三项。使用面积是指建筑物各层平面中直接为生产或生活使用的净面积的总和,居住建筑中的使用面积也称居住面积。辅助面积是指建筑物各层平面为辅助生产或生活活动所占的净面积的总和,如居住建筑中的楼梯、走道、厕所、厨房等。使用面积与辅助面积的总和称为有效面积。结构面积是指建筑物各层平面中的墙、柱等结构所占面积的总和。

2. 什么是建筑密度?

建筑密度即建筑覆盖率,是指建筑基底面积占建设用地面积的百分比。它可以反映出一定用地范围内的空地率和建筑密集程度。

其中,建筑基底面积是指建筑物首层的建筑面积。

3. 什么是绿地率?

在居住区用地范围内,绿地率是指各类绿地的面积总和占居住区用地面积的比例。

其中,绿地面积是指能够用于绿化的土地面积,包括公共绿地、宅旁绿地、公共服务设施所属绿地和道路绿地(即道路红线内的绿地),不包括屋顶绿化、晒台垂直绿化和覆土小于2m的土地。

4. 什么是绿化率?

绿化率即绿化覆盖率,是指在建设用地范围内全部绿化种植物水平投影面积之和与建设用地面积的比率(%)。绿化率一般要大于绿地率。

5. 住宅配套设施主要包括哪些类型？

住宅配套设施是指为城镇居民创造卫生、安全、宁静、舒适的居住环境而必需的住宅附属设施。住宅配套设施是由多系统组成的，按住宅规模可进行如下分类：

（1）住宅基本生活单元的配套设施

人口规模为3000人左右的住宅群，其配套设施应有居民服务站、小商店、文化室、儿童游乐场等。

（2）住宅小区的配套设施

人口规模在1万人左右的住宅群，其配套设施包括托儿所、幼儿园、小学、中学、储蓄所、邮电所、运动场、粮店、百货店、副食品店、菜店、饮食店、理发店、小修理门市部、综合商店、自行车棚、废物回收站、居委会、变电所、公共厕所、垃圾站等。

（3）居住区的配套设施

人口规模在4万～5万人，其配套设施包括医院、门诊部、银行、办事处、邮电支局、电影院、科技文化馆、青少年之家、运动场，以及与生活有关的商店、街道办事处、派出所、商业管理机构等。

6. 套型建筑面积和套内建筑面积分别指什么？

套型建筑面积即商品房的建筑面积，也称分户建筑面积，通常简称为建筑面积，等于套内建筑面积加分摊的公用建筑面积，即套型建筑面积=套内使用面积+套内墙体面积+套内阳台建筑面积+公摊面积。

套内建筑面积是指房屋按单元计算的建筑面积，为单元门内范围的建筑面积。套内建筑面积=套内使用面积+套内墙体面积+套内阳台建筑面积。

套内建筑面积是计算实用率的分子，也称为实用面积，不等于地毯面积或地砖面积，是完全属于业主私有的面积。与套内使用面积相比，套内建筑面积更能反映业主私有部分的产权，因此目前房地产买卖合同基本以套内建筑面积作为计价方式。

7. 什么是套内使用面积、套内墙体面积和套内阳台建筑面积？

套内使用面积是指室内实际能使用的面积，不包括墙体、柱子等结构面积。套

内使用面积是套内房屋使用空间的面积，以水平投影面积计算。套内使用面积是计算使用率的分子，也称为地砖面积、地毯面积或计租面积。

套内墙体面积是指套内使用空间周围的维护或承重墙体或其他承重支撑体所占的面积，有共有墙和非共有墙两种。其中各套（单元）之间的分隔墙、套（单元）与公用建筑面积之间的分隔墙以及外墙（包括山墙）均为共用墙，共用墙墙体按水平投影面积的一半计入套内墙体面积。非共用墙墙体水平投影面积全部计入套内墙体面积。内墙面装修厚度均计入套内墙体面积。

套内阳台建筑面积均按阳台外围与房屋外墙之间的水平投影面积计算。其中封闭的阳台（内阳台）按水平投影全部计算建筑面积，未封闭的阳台（外阳台）按水平投影的一半计算建筑面积。

8. 什么是公用建筑面积和分摊面积？

公用建筑面积也称共有建筑面积，是指由整栋楼的产权人共同所有的整栋楼公用部分的建筑面积，包括为住户出入方便、正常交往、保障生活所设置的公共走廊、楼梯、电梯间、水箱间等所占面积的总和，与本栋楼房不相连的公用建筑面积不分摊给本栋楼房的住户。

可分摊的公共部分为本栋楼的大堂、公用门厅、走廊、过道、公用厕所、电（楼）梯前厅、楼梯间、电梯井、电梯机房、垃圾道、管道井、消防控制室、水泵房、水箱间、冷冻机房、消防通道、变（配）电室、煤气调压室、卫星电视接收机房、空调机房、热水锅炉房、电梯工休息室、值班警卫室、物业管理用房等以及其他功能上为该建筑服务的专用设备用房；套与公用建筑空间之间的分隔墙及外墙（包括山墙）墙体水平投影面积的一半。

不计入的公用建筑面积有仓库、机动车库、非机动车库、车道、供暖锅炉房、作为人防工程的地下室、单独具备使用功能的独立使用空间；售房单位自营、自用的房屋；为多栋房屋服务的警卫室、管理（包括物业管理）用房。

分摊的公用建筑面积，简称公摊面积，是指每套（单元）商品房依法应当分摊的公用建筑面积。

分摊的公用面积=套内建筑面积×公用面积分摊系数。

公用建筑面积分摊系数=整栋建筑物的公用建筑面积÷整栋建筑物各套内建筑

面积之和 ×100%。

9. 房屋预测面积和房屋实测面积分别指什么？

房屋预测面积是指在商品房期房（有预售销售证的合法销售项目）销售中，根据国家规定，由房地产主管机构认定具有测绘资质的房屋测量机构，主要依据施工图样、实地考察和国家测量规范对尚未施工的房屋面积进行一个预先测量计算的行为。它是房地产开发企业进行合法销售的面积依据。

房屋实测面积是指商品房竣工验收后，工程规划相关主管部门审核合格，房地产开发企业依据国家规定委托具有测绘资质的房屋测绘机构参考图样、预测数据及国家测绘规范的规定对楼宇进行的实地勘测、绘图、计算而得出的面积，是房地产开发企业和业主进行房产交易的法律依据，是业主办理产权证、结算物业费及相关费用的最终依据。

10. 为什么房屋预售面积和竣工面积存在差异？

预售面积是指全部按建筑设计图上尺寸计算的商品房建筑面积，其只供商品房预售时使用。

竣工面积是指商品房竣工后实测的面积或用与竣工商品房尺寸相符的建筑设计图计算的建筑面积，其为商品房交易、租赁、抵押、竣工验收、产权登记等提供依据。

有些商品房的竣工面积与预售面积不一致，原因可概括为以下几点：
1）建筑物的某些部分改变设计。
2）施工过程中，建筑物的某些部分未按原设计施工。
3）施工错误或施工误差过大。
4）竣工后的商品房部分公用面积功能改变或服务范围改变。
5）正常的施工误差和测量误差。

11. 套内建筑面积售房和建筑面积售房有什么不同？

套内建筑面积售房，实际上是以套内建筑面积为交易面积，按套内建筑面积计算房价，其应分摊的公有建筑面积的建设费用计入套内建筑面积销售单价内，不再

另行计价，同时在购销合同中记载该商品房项目的总公有建筑面积及本单元或整层应分摊的公有建筑面积，其权属属于各产权主共同所有，任何单位和个人不得独自占用。

建筑面积售房，实际上是以套内建筑面积与分摊公有建筑面积之和作为交易面积，按建筑面积计算房价。由于分摊的公用建筑面积的存在，使售房面积复杂化、专业化，非房产测绘专业技术人员无法弄清分摊的公用建筑面积的合理性和准确性，购房者不能直观了解自己究竟购买了多大的房屋。

套内建筑面积售房与建筑面积售房相比，房屋交易总价不变，但售房面积更明确、具体、直观。两者对分摊的公用建筑面积享有同等的权益。由于物业管理费标准是按建筑面积制订的，物业管理部门按建筑面积收取物业管理费，实行套内建筑面积售房，售房合同及房地产证上注有建筑面积，因此物业管理费收取没有改变。

12. 使用率和实用率（得房率）分别指什么？

使用率即套内使用面积系数，是套内使用面积与套型建筑面积之比，一般高层塔楼在70%~72%，板楼在78%~80%。

实用率即得房率，是套内建筑面积与套型建筑面积之比。实用率要大于使用率。

通常不带电梯的多层住宅实用率大都在90%以上，而小高层或高层带电梯住宅的实用率则大都在80%以上。

只要有高层住宅平面图，购房者可按以下公式计算实用率。

实用率=1－（中间筒面积÷套内面积之和）×100%

以一栋一梯四户的高层住宅为例，若中间筒的面积（中间筒是指包括公共走廊及电梯所占的面积之和）为60m^2，四户的套内面积分别为：120m^2的单元两套、80m^2的单元两套，将四户的套内面积相加后总面积为400m^2，按上述的公式计算：即实用率=1－（60÷400）×100%，得出的结果是该楼盘套内的实用率为85%。

13. 什么是阳台？

阳台，泛指有永久性上盖、有围护结构、有台面、与房屋相连、可以活动和利用的房屋附属设施，供居住者进行室外活动、晾晒衣物等的空间。根据其封闭情况分为非封闭阳台和封闭阳台；根据其与主墙体的关系分为凹阳台和凸阳台；根据其空间位置分为底阳台和挑阳台。阳台的设计从使用的角度来看，其要点如下：

南向阳台一般设于主卧室或客厅外，宽度方向与卧室或客厅的开间相同，长度因结构和需要不同可设置为1.2m、1.5m、1.8m，栏杆垂直杆件间净距应大于0.11m，北方地区目前在建工程中一般为封闭阳台，北向阳台一般为全封闭作为厨房使用，生活阳台应设洗衣机位、晒衣架及配件。

14. 封闭阳台和非封闭阳台有什么区别？

封闭阳台是指原设计及竣工后均为封闭的阳台。封闭式阳台多将阳台栏杆扶手以下用砖或其他材料围护，栏杆扶手以上用玻璃窗围护起来，使阳台起到既能接受阳光又能遮挡风雨的作用，但仍是独户专用。

非封闭阳台是指原设计或竣工后不封闭的阳台。

15. 凹阳台和凸阳台有什么区别？

凹阳台是指凹进楼层外墙（柱）体的阳台。凸阳台是指挑出楼层外墙（柱）体的阳台。

16. 底阳台和挑阳台有什么区别？

底阳台是房屋一层的阳台。挑阳台是指房屋二层（含二层）以上的阳台。

17. 阳台和飘窗如何计算建筑面积？

（1）阳台建筑面积
1）原设计的封闭式阳台，按其外围水平投影面积计算建筑面积。
2）挑阳台（底阳台）按其底板水平投影面积的一半计算建筑面积。
3）凹阳台按其净面积（含女儿墙）的一半计算建筑面积。
4）半挑半凹阳台，挑出部分按其底板水平投影面积的一半计算建筑面积，凹进部分按其净面积的一半计算建筑面积。

（2）飘窗建筑面积
飘窗是不计算建筑面积的。但是当外飘窗（凸窗）的面积是从窗台面计起，能

达到2.2m的，应计算建筑面积。

18. 住宅的开间和进深分别指什么？

住宅的开间即房间的宽度，是指一间房屋内一面墙皮到另一面墙皮之间的实际距离。住宅开间一般不超过3.0~3.9m，砖混结构住宅开间一般不超过3.3m。规定较小的开间尺度，可缩短楼板的空间跨度，增强住宅结构整体性、稳定性和抗震性。

开间5m以上，进深7m以上的大开间住宅可为住户提供一个40~50m^2甚至更大的居住空间，与同样建筑面积的小开间住宅相比，承重墙减少一半，使用面积增加2%，便于灵活隔断、装修改造。

住宅的进深即房间的长度，是指一间独立的房屋或一栋居住建筑从前墙皮到后墙壁之间的实际长度。进深大的住宅可以有效地节约用地，但为了保证建成的住宅可以有良好的自然采光和通风条件，住宅的进深在设计上有一定的要求，不宜过大。目前，我国大量城镇住宅房间的进深一般要限定在5m左右，不能任意扩大。

第 3 章
选购房产

让你成为房产专家

3.1 小区环境选择

1. 如何挑选合适的地段？

挑选房子首先是要挑选房子的地段，地段没有绝对的好坏，购房者应根据自身的工作和生活要求来判断。一般可综合考虑以下几个要点来选择合适的地段：

（1）工作地点

购房者最好选择在上班地点附近购房，一般以半径为5km左右为宜，以最大限度地节约时间成本和生活成本。如某些地段可能并不在市中心、交通也不好，但对在附近工作的人来说，这个地段就相当有吸引力。

（2）交通状况

购房者应尽量选择交通便捷的区域购房，交通的便利程度影响着楼盘的价值和升值空间，尤其是靠近地铁的。地铁会给人们的生活带来变化，比如交通便利了，相对来说，距离就缩短了，人们的活动半径随之变大，居住的范围可以向城郊扩展，工作在城市，生活在城郊。

但最好选择离地铁线有一定距离的住宅，因为一般地铁周边在一定程度上都存在噪声、振动、人流量大等问题，因此地铁线和住宅两者最好保持一定距离。对于周边环境要求较高的购买者来说，紧挨着地铁的项目并不是最好的选择。如果要买，可以考虑步行时间10min可到达地铁站点的项目，这样既可享受地铁的便利，又可有相对安静的居住环境。

但是，交通的便捷程度是可以改善的，某些位置偏远的楼盘，因为聚集了人气，开通了公交线路、路修宽了、出租车多了，交通因素得到巨大的提升，地段的价值也就提升了。

（3）区域规划

购房者买房前应到城市规划部门咨询意向房屋附近的规划情况，以免入住后，小区周遭变得面目全非，或者面临拆迁的危险。有的房地产开发企业在卖房前，将楼盘旁边的土地租下，改造成绿地或水塘，购房者一入住，这些卖点却变成机器轰鸣的工地；有的楼盘环境优美，但规划主干道从小区中间穿过。

（4）周边楼盘

一般来说，周边有口碑很好、品质不错的楼盘，市场接受程度也相应较高，会受到更多人的追捧，给区域带来人气，提升地段的价值。

2. 看小区内部环境主要关注哪些要点？

购房者评判一个小区的居住环境，主要可以从以下几个方面考虑：

（1）社区配套

社区配套包括教育、医疗、商业服务等，完善的配置有利于购房者入住之后生活的便利和舒适性。因此，购房者在购房之前应详细了解小区周边的配套情况，尤其是小孩需要上学的，购房者更应详细了解该小区的配套情况，有些房地产开发企业对购房者说"小区紧靠市重点某中学、某重点大学""小区将引进某名校"等。面对这种承诺，购房者应直接到提及的学校，或者该小区所属区中教办、小教办去查询，这样就可以搞清楚房地产开发企业的承诺是否确有其事。如确有其事，也最好要求房地产开发企业把承诺写进合同，如到时情况有变化，才有论理的依据。

（2）交通

居住区内的交通分为人车分流和人车混行两类。人车分流是指汽车在小区外直接进入小区地下车库，车行与步行互不干扰，因小区内没有汽车穿行、停放、噪声的干扰，小区内的步行道兼有休闲功能，可大大提高小区环境质量，但这种方式造价较高。

购房者如果选择人车混行的小区，要考察区内是否留够了停车位，停车位的位置是否合理，一般的原则是露天停放的汽车尽量不进住宅组团，停车场若不得不靠近住宅，应尽量靠近山墙而不是住宅正面。

此外，还要考虑小区内的交通设计整体布局是否合理，每栋楼距离小区支路是否都是最短距离，能否保证交通顺畅和居民出行安全等。

（3）景观

购房者应选择健康、绿色、生态的景观楼盘，这样的楼盘可以给原本由水泥钢筋构造的楼盘平添许多灵性和活力，让购房者感到安全、方便、舒适。其实，楼和楼、房与房之间的硬件没有多大差别，小区的环境营造得体，就会显得房子有品位，居民生活有品位。

（4）绿化

绿化是调节居住环境的重要因素，在遮阳、防风、防尘方面起着重要作用。一般而言，住宅区的绿化率应在30%左右，高档住宅区甚至高达50%。

3. 如何避免买到有环境污染的小区？

购房者选购房屋时需要注意所要购买小区的周边是否有噪声、空气、水、固体废弃物以及光污染等。主要注意以下几个要点：

1）选择远离交通要道、工厂、娱乐场所、集市、工地等噪声污染源的房屋，或在前方有高大建筑物遮挡的房屋。

2）固体废物主要是指各种生活垃圾，控制这种污染主要看物业管理的质量。

3）光污染不仅包括玻璃幕墙反射的强光，还包括有些大厦夜晚的泛光照明和高亮度的霓虹灯，应避免选择太靠近这些建筑的房屋。

4）了解小区周边是否有大型饭店、集贸市场、娱乐场所、加工修理车间或门店、运输公司、小区锅炉等污水、噪声污染源。

5）了解小区的上风、上水方向是否有大型污染源，是否对本区空气、水体造成污染。

6）避免选择过于靠近高压电线、大型变电所、强力发射天线、高亮度泛光建筑的房屋，因为光污染及各种辐射、电磁场的影响和干扰，很容易引起人的情绪烦躁、失眠不安等。而位于快速交通要道、高架道路附近的房屋，因经常面临大量的噪声、废气等刺激，对人的健康也很不利。

4. 如何判断房地产开发企业的实力？

购房者一般可以从以下几个方面来判断房地产开发企业的实力以及是否值得信赖：

（1）经历背景

购房者一般可以从房地产开发企业的经历、背景、开发历史、目前企业现状等情况来判断其实力。拥有雄厚的资金实力、不凡的企业背景、丰富的经营经验，拥有高起步、高水平、高效率、高品质的企业经营水准，拥有严格遵守操作规范、精益求精、一丝不苟的质量管理，是开发企业实力的综合体现，也是生产优质产品的基础和良好信誉的保证。

（2）营销手法

从楼书、样板间、售楼处等营销手段上，可看出房地产开发企业的水平和将来物业的品位。一般广告做得多，说明房地产开发企业有一定的实力，也反映出楼盘里的套数较多。但巨大的广告费用最终还是会算入销售价格中。

（3）施工现场

从施工现场的管理水平上，可看出施工质量以及房地产开发企业对物业的控制水平。

（4）销售人员

从销售队伍的稳定性和提成上，可看出房地产开发企业的实力和管理水平。

（5）相关证书

根据《中华人民共和国城市房地产管理法》和《城市房地产开发经营管理条例》的规定，房地产开发企业在房地产市场上销售商品房，必须具备一定的条件，并且按照有关的规定在房地产管理部门办理商品房销售的各种手续。其中五证、两书是最为重要的条件，五证即《国有土地使用证》《建设用地规划许可证》《建设工程规划许可证》《建设工程施工许可证》和《商品房销售（预售）许可证》；两书即《住宅质量保证书》和《住宅使用说明书》。

购房者在签订购房合同之前一定要查验房地产开发企业是否具有合法的售房手续，各种售房文件、证件（即上述的五证和两书）是否完备。只有合法进入市场的住宅房，才具有国家承认的产权，才能真正属于购房者。

5. 购房者可以从哪些方面来考量小区的物业管理水平？

物业管理是由具备资格的物业管理公司实施的有偿服务，小区物业管理费标准因住宅等级、服务内容、服务深度而异。购房者要想在居住中获得较高的生活品质，良好的物业管理是必不可少的。在衡量物业管理水平时，可以从以下几个方面进行考量：

1）物业管理费的收取标准。

2）水、电、气等费用的价格以及费用的收取方式，是代收还是自行缴付。

3）保安水平以及小区的封闭性。

4）小区的绿化工作以及保洁工作。

5）物业管理公司提供的服务范围。

6）公共维修基金。

7）电梯等设备的品牌、速度及管理方式。

物业服务的好坏是房屋能否升值的一个重要因素。好的物业管理会给自己将来的生活带来便利，而差的物业管理不仅会影响到自己的日常生活，还会引发大量的纠纷。因此，看房要积极向有关人员打听负责小区服务的物业管理公司，最好能查看其有关资质、实力的文件，或者去其现服务的其他小区打听其服务行为。

3.2　户型选择

1. 好的户型设计一般有哪些特点？

好的户型设计能符合购房者的需求，满足购房者对于居住的舒适性、私密性、美观性等的要求。购房者挑选户型时，主要可以从以下几个方面考虑其设计是否合理：

（1）面积分布

由于购房款是按照建筑面积计算的，所以购房者最不希望花钱买来一些无效面积。一般人们理想的卧室面积应当在15m²左右，客厅面积在20~30m²，厨房、卫生间为5~8m²，而阳台也要有5~6m²。这样的面积分配能够基本满足人们的需求和生活习惯，功能分区合理，面积浪费较少。

（2）功能布局

住宅设计公私分离、干湿洁污分离、动静分离。

公私分离强调现代人对私密性的要求，居住、生活空间分为共同性的和私密性的。像卧室、书房均属于私密空间，要具有私密性，客厅是家庭成员活动的中心，也是招待朋友和客人的场所，开门进厅是礼仪所需，因此户型的设计必须使卧室与客厅之间有一个很好的过渡，避免彼此间的干扰。

干湿洁污分离。卫生间是人们日常洗漱、清洁的地方，而厨房则关乎居住者的饮食健康，因此要避免布置在同一区域，同时要与卧室、起居室有一定的分隔。

动静分离强调室内动区和静区的分离，如客厅、厨房、卫生间属于动区，卧室、书房属于静区。

（3）流线设计

流线是指人们活动的路线，一般居室中的流线可划分为家务流线、家人流线和访客流线，这三条线不能交叉。

家务流线：储存、清洗、料理这三道程序决定了下厨的流线，充分考虑该流线，就不会浪费时间、体力，如料理台的流线规划是冰箱、水槽、炉具，使用起来会很流畅。

家人流线：家人流线主要存在于卧室、卫生间、书房等私密性较强的空间。目前流行的在卧室里面设计一个独立的浴室和卫生间，就明确了家人流线要求私密的性质，为人们夜间起居提供了便利。

访客流线：访客流线主要是指由入口进入客厅区域的行动路线。访客流线不应与家人流线和家务流线交叉，以免在客人拜访的时候影响家人休息或工作。

（4）厨卫设计

厨房设计应充分考虑到冰箱、微波炉等物品的位置，并为厨房升级预留合理的空间（如添置洗碗机、消毒柜等）。好的厨房通常会带有一个 $2m^2$ 左右的服务阳台。

卫生间的设计主要朝两个方向发展，第一是双卫式，第二是分离式。前者指的是一户设置两个卫生间，主卫通常靠近主卧或含于主卧，仅供主人使用，而另外一间为公用。后者指的是洗浴与厕所分离，即推门进去先是洗澡间再是卫生间或者相反，这样的卫生间可以大大提高使用效率。

（5）户型设计的灵活性

当家庭成员变化时，购房者可以根据自己的需求进行重新分割，这就需要考虑到户型的灵活性。

2. 什么朝向的房屋好？

良好的朝向，可以保证有大量的阳光通过窗户直射入室。我国大部分地区，以

正南朝向接受阳光直射面最大、时间最长，南偏东、南偏西105°内都有阳光直射入室，这样不仅房屋的采光条件好、暖和舒适，而且阳光辐射可以杀菌消毒，有利于室内的清洁卫生，更可预防缺钙和骨质疏松，特别是家中有老人或儿童者，购房以东南方向最好。在朝向选择的时候，按客厅、卧室、厨房的先后顺序进行考虑。

3. 选择几楼的房屋好？

楼层的高低没有绝对的好坏，购房者应综合考虑家里人的情况、外部景观、价格等各种因素。例如，购房者家里有老人，行动较为不方便，尽量不要选择高楼层，即便是带电梯的高层，虽然不需要老人上下楼梯，但从生理学上来说，高楼层也不适合老人居住。

低楼层的价格相对较划算，而且现在的小区绿化工作都做得比较完善，小区景观包括广场、绿化带、人工湖等景观也不会逊色于高层。另外，一楼带花园的住宅也有相当多的人热衷。但由于低层特别是最低层较靠近地面，空气相对比较潮湿。

高楼层的景观好，但购房者要考虑周边地区未来规划，如果在旁边还要再建几栋高楼，风景将会被遮挡。此外，还要注意电梯的质量与运行速度、供水情况等。

4. 选择底层房屋要考虑哪些问题？

选择购买底层房屋的购房者应重点考虑以下几个问题：

（1）有效日照时间是否达标

底层住宅比较潮湿，通风也较弱，所以最需要关注的是有效日照时间，即9：00~15：00的日照持续时间。而日照通常又与楼距有关，一般，楼距=（层高×总楼层数+底层挑高60cm+楼顶高度60cm）×1.2倍。如2.8m层高的6层房，楼距约为21.6m。理论上，这应该可以达到"冬至日有效日照不少于1h"的规范要求，但由于朝向略偏东或偏西等因素的影响，实际的日照时间可能还会打些折扣。所以底层房屋应尽量选择楼距开阔的，最好楼距系数在1.4倍以上。

（2）是否远离交通要道

底层房屋的南面最好不要距马路太近，否则噪声、振动、尘埃的污染都会比较严重。如果有主干道，最好相距200m以上，并有绿化隔离。因为邻近马路，安全性也更需防备，应尽可能选择配备窗磁、门磁等电子安保的楼盘。

(3)是否有污染源

避开小区内部的一些噪声声源,如入口防盗门的关门声、太响的门铃,车库出入口进出车辆产生的噪声,以及汽车灯光、通风口的排风等污染源。

(4)是否有防潮处理

如果房屋周边管道井较多,墙皮与地板防潮问题是关键。现在有些小区底层住宅往往高架半层或1~1.5m,底下做半地下室处理,能对防潮起较好作用。未做高架处理的地板,一定要做防潮处理。

(5)是否有管道反水问题

对于底层管道反水问题,要仔细察看底层管道是否加粗或进行了其他技术上的处理。若排水设施不全,底层管道反水问题严重,千万不要购买。

5. 选择中间层房屋要考虑哪些问题?

选择中间层房屋的购房者应重点考虑以下几个问题:

(1)顶棚和地面是否漏水

因为房屋漏水大多发生在结构变化的部位(比如结构缝、沉降缝等)、构造变化部位(如伸缩缝),所以要避免选择处在这些部位的房间。

(2)排水管道、天然气管道等安装是否隐蔽

中间层连接着顶层和底层,通过的各种管道比较多,要留意这些管道穿过时,凸出的部位是否影响了正常的出入活动。

(3)阳台是否安全

中间层距地面较高,阳台的高度要足以保护老人和小孩的活动安全。如果是通长阳台,在两户之间应有分隔防卫措施,防止两户之间居住者互相攀越。雨水管、用花格窗的楼梯离阳台、窗口不要过近,以防被攀爬遭劫。

(4)客厅、卧室的朝向是否科学

中间层易于通风、采光,但要避开冬天凛冽的寒风,接纳夏季的习习凉风,所以朝向以南向为佳。如果小区栋距较小,应咨询邻近中间层住户的日照、采光情况。

6. 选择顶层房屋要考虑哪些问题?

选择顶层房屋的购房者应重点考虑以下几个问题:

(1) 是否漏水与采取防水措施

屋顶是较容易发生渗漏水的，所以欲选顶层房屋的购房者，应该了解一下，屋顶采用的是什么防水材料。屋顶防水，一般分刚性防水和柔性防水两种：如果是活动屋面（屋顶有平台，人可以走上去），一般以钢混等材料进行防水处理，称为刚性防水；斜屋顶通常以卷材等进行防水，为柔性防水。从规范上说，这两种防水都能达标，而有些楼盘同时采用刚性和柔性两种防水方式，效果自然更佳。

保温材料也会引发渗漏水。以往很多楼盘用憎水珍珠岩作为保温材料，很厚，日积月累会因保温层中积水太多而引起渗漏，且这种渗漏很难修复。较新的保温方式是采用聚苯板，它很薄，才2cm左右，不仅保温效果好，且浸在水中取出都不沾水，所以不会造成积水和渗漏。

另外，如果地面发生不均匀沉降，也总是顶层墙面最先出现开裂，并引发渗水。所以喜欢顶层的购房者，也要特别关注地基的设计与建造情况。

(2) 是否有隔热保温

顶层房屋的保温隔热效果要差，所以做屋顶保温层是必需的，而目前的某些坡顶楼盘，房地产开发企业是掀了保温层建造阁楼赠送，这样其保温隔热效果就会更差。

即使房地产开发企业提供了屋顶保温层，购房者在装修时，也可以在屋顶下及外墙内侧，覆一层聚苯板（就是那种白色的泡沫塑料，常包裹大型家电的），其几厘米的厚度，就能达到24cm砖墙的保温效果，对防渗漏也很有利。然后再覆上石膏板或水泥板或木板，进行墙面装饰。

顶层户型还通常会有楼上楼下挑空的设计，很多人喜欢它的高敞与气派，但如果冬天在楼下开空调的话，须等楼上的敞开空间都热了，楼下才会感觉热，会产生更大的热损耗与电损耗。

(3) 是否有噪声干扰

顶层水箱及电梯机房有可能给顶层的住户造成噪声干扰。多层住宅只要是变频供水，即可避免供水声的困扰；小高层或高层住宅，应尽量选择或要求房地产开发企业采用无须每天供水的水箱，或给供水龙头在近底板处的水箱。新型的无机房电梯，则能杜绝电梯电动机的噪声污染。

如果这一切都无法避免，则在选择户型时，尽量让辅助空间（如厨房、卫生间、储藏室等）贴着水箱或电梯机房，以阻隔噪声。

(4) 赠送阁楼的面积是否有效利用

赠送阁楼是顶层房屋颇为吸引人的一方面，但购房者在交付时可能会发现很多面积并不能很好地利用。所以购房者在购房前一定要了解阁楼的实际可利用面积，以衡量售价是否合理。

7. 如何选择实用率高的房屋？

购房者买房时，要注意公摊面积是否合理，一般多层住宅的公摊面积较少，高层住宅由于公共交通面积大，公摊面积较多。同样使用面积的住宅，公摊面积小，说明设计经济合理，购房者能得到较大的私有空间。但公摊面积也并不是越小越好，比如楼道过于狭窄，肯定会降低居住者的舒适度。

一般标准层套数多，有较多人分摊公用面积，使用率可能会高些，但往往由于楼道、走廊的加长，实用率有时反而会降低。

另外，户型是否适合家具摆放、是否方便是实用率的更深层次表现。住房是否有斜角，屋内是否有长长的走廊，阳台的面积是否合适，这在居住时同样会影响使用。

8. 房屋多大的进深和面宽是合理的？

房屋的进深和面宽比是否合理会影响它的采光，一般来说，居住起来比较舒适的进深和面宽比例是6∶4，进深越短，面宽越大，居住起来越舒适。不同建筑类型房屋对进深的要求会有所差异。

(1) 板楼进深12.5m比较合理

南北或者东西通透的板式住宅楼为了避免黑房间，包括客厅和餐厅在内的起居室的进深在12.5m左右是比较合理的，超过15m的进深，中间就会有黑厅。

卧室和书房的进深在6m左右是比较合理的，超过7m就过于狭长了。如果一个房间的进深是12.5m，实际就是两个6m长的房间的长度，如果进深是15m，可能就是两个6m长的房间中间夹着一个卫生间，这个卫生间可能就没有办法采光了，会是个黑房间。

(2) 塔楼里开采光槽，缩短进深

塔式住宅楼一层多户，大多数房间肯定不能做到南北都有窗户，可能只有

一个方向的采光。而且因为塔楼的楼型特点，有的房间的进深会大一点，所以在塔楼的楼型设计中，就会有一些槽，外墙很曲折，形成一些采光井、采光槽，使塔楼里的房间采光面更多，这些采光井和采光槽同时也使得单个房间的进深变得短了。

塔楼的户型中，每个房间的进深的方向是不同的，有的是南北向，有的是东西向，而且每个房间的进深的长度也不一样，这取决于以下几个因素：

1）一栋塔楼里总共设计了多少套住宅。

2）每套住宅的面积是多大。

3）在这个塔楼中设计了几处采光井或采光槽。

4）采光井或采光槽是怎么开的。

对塔楼来讲，进深的设计是比较复杂的，所以购房者在买塔楼住宅时，要看清楚要购买的住宅里，有没有黑房间。

(3) 别墅的进深比较大，中间设计天井

在一些别墅的户型中，有的起居室的进深也超过了15m，有的达19m或者20m以上，但是在这样的住宅里，一般设在一层的起居室面积都比较大，而且，在起居室的中间会设计一个一直通到顶层的内天井，利于采光，也利于通风。

9. 选择哪一种供暖方式好？

常见的供暖方式主要有独立燃气供暖炉、地板供暖、电热膜供暖等，其优缺点如下：

(1) 独立燃气供暖炉

这种方式通常的做法是在厨房或阳台上安装壁挂炉，由壁挂炉燃烧天然气达到供暖目的，与壁挂炉相连的是室内管线和散热片，一般可同时实现散热器及热水双路供应。

优点：

1）市政供热时间固定，独立供暖炉恰恰提供了供暖时间上的自由，可随时开启。

2）房间温度可调。

3）可独立计量，避免房间没人住，但供暖费须照交的矛盾。

4）有些供暖炉可以同时提供生活热水，但价格相对低廉。

缺点：

1）供暖炉使用寿命为15年左右，更新费用要由业主承担。

2）由于热泵经常启动及火焰燃烧，噪声较大。

3）天然气本身虽然是清洁燃料，但是高层住宅使用时，二氧化碳、二氧化氮、一氧化碳等因排放不畅，对环境的影响不可低估。

4）由于设备及使用者素质方面的原因，可能发生供暖炉爆炸，存在安全隐患。

（2）地板供暖

现在市场上普遍采用的地板供暖都是在分户独立供暖炉提供热源的基础上实现的，它较传统供暖改变的是散热片的位置，改为地板下铺设管线以传输热能。

优点：

1）采用这种供暖方式，人的感觉是脚热头凉，头脑清醒。而且空气对流减弱，有较好的空气洁净度。

2）与其他供暖方式相比较为节能，节能幅度为10%~20%。

3）因没有散热片对空间的破坏，有利于屋内装修。

4）有利于隔声和降低楼板撞击声。

缺点：

1）对层高有8cm左右的占用。

2）地面二次装修时，易损坏地下管线。

3）如是木地板则有干裂的麻烦，最好选用地砖或复合地板。

4）温度不能太高，否则会大大降低输送管道的使用寿命。

5）鉴于防水的需要，卫生间不便铺设，还要借助于电散热器。

（3）电热膜供暖

电热膜供暖与传统供暖单纯加热空气有本质区别，它是以电力为能源，以低温辐射电热膜为发热体，安装在房间的顶棚或地板内，将热量辐射。

优点：

1）户内无散热器片，房间使用面积增加。

2）一般不需要维修。

3）电源属清洁能源，无污染。

4）可用温控器调节室温。

5）没有传统供暖的燥热感，温度均匀。

缺点：

1）装修时不能在其上覆盖其他物体，且不能在顶棚上钉钉子、钻孔等。

2）对电的依赖性强。电能供应不畅、不稳或电费标准太高的小区不宜采用。

3.3 置业规划

1. 如何评估自己的购房能力？

购房者在选房时要准确评估自己的购房能力，计算好可以支付的首期房款以及每月的供款额，避免因房贷压力过大而影响正常的生活。购房者可以按以下的几个步骤评估自己的购房能力：

1）计算现金等价物，包括银行存款、具有变现能力的各类股票和债券等。

2）偿还贷款持续时间比较长，所以要准确衡量自己的资金周转情况，资金周转留存＝平均月开支×（3~5）。

3）计算筹款能力，筹款能力＝现金等价物−资金周转留存＋其他突进的筹款（如典当、亲友资助等）。

4）计算月收入，月收入＝工资收入＋其他收益（如股票、债券等已经准备卖出筹资金，则此收益不能计算入内）。

5）计算每月合理还款能力，合理还款能力＝月收入×（30%~50%）。

6）根据自己的每月合理还款能力、可以贷款年限和自己希望贷款年限的平衡，估算银行贷款或个人公积金贷款额。

7）估算最大房款，最大房款＝筹款能力（首付款）＋银行可借款额＋公积金可贷金额。

2. 青年购房者置业要考虑哪些因素？

青年购房者一般进入社会不久，事业尚未达到顶峰，经济收入有限，以首次置业者居多。

青年购房者在选房时要重点关注以下几个要点：

(1) 经济因素

青年购房者应该对自己的收入有充分的认识和估计，根据近期的经济条件来决定买房标准。青年购房者处在事业发展期，此时需要一定的流动资金辅助事业的发展，如果每月还贷额过高，在遇到突发事件时则很难周转。所以，青年购房者根据自身情况应尽量选择贷款年限较长的类型，这样做一方面可缓解自身的还贷压力，保证生活质量，另一方面，如果事业发展顺利，还可以提前还贷，青年购房者每月还贷数额最好控制在家庭总收入的50%以内。

(2) 地段

青年购房者储蓄少，工作比较忙，购房时应选择市区或交通便利的地段，如果交通便利的话，房子离城市中心远一点也没关系，这样还能省下一笔购房款。由于交通便利地区一般较早进行开发，这种地段的房也有保值升值的潜力，一般不会因贬值而给购房者带来损失。

(3) 社区配套

青年购房者容易被华丽的大楼外观、美丽的园林设计、舒适的户型所吸引，而往往忽略了对社区配套的重视。而类似教育、医疗、超市、菜场等这些生活必需又易被忽视的实用型社区配套关系到以后居住、生活是否便利。

(4) 户型

很多青年购房者考虑到以后子女的需求，首次购房往往喜欢买房间多、面积大的户型。这样虽然看似目光长远，但是入住后往往会造成空间浪费，同时贷款压力大。一般而言，购买两室的户型相对比较实用，且不容易造成空间浪费。购房者应根据自身经济状况以及实际需求，选择面积适中的户型，等有了一定的经济基础后，再置换新的房屋。

3. 中年购房者置业要考虑哪些因素？

中年购房者正处于事业的高峰期，工作非常忙碌，家庭的财富经过前段时间

的积累也进入一定层面,追求生活品质,对居住的要求更注重社交和尊重方面。所以,购房者在选择房子时,要把握品质和实用并重的原则,要周到、全面地考虑到全家人的需要,同时还要考虑房子的延续性。

中年购房者在选房时要重点关注以下几个要点:

(1) 经济因素

中年购房者一般事业上小有所成,收入水平较高,收入相对稳定,购房时要结合家庭存款、月收入水平以及必要日常支出做预算,并且要考虑家中老人以及小孩的消费。因此,在购房时储蓄付完首付后应有剩余,每月的供款额不能超过家庭总收入的1/3,必须预留1/3的家庭生活费及1/3的教育、退休及保险储备。

(2) 合适环境

合适环境包括两方面,一是对家庭而言的生活环境,一是对子女而言的学习环境。生活环境包括小区的绿化、安全和设施的完善程度,以及小区的生活便利程度。通常来说,二手房社区规划比较直观,是实实在在能看得见的,购房者可以按自己的要求与喜好选择合适的生活环境;学习环境方面,通常名校都集中在城市的老城区,二手房也比较充足。因此,建议中年购房者购买大型居住组团的二手房,这样的二手房绿化工作做得较好,生活配备完善,能够提供安静的生活和学习环境。而且,一般大型居住小区内会有名校进驻,更有利于子女的学习。

(3) 舒适户型

在经济条件允许的情况下,中年购房者可以适当改善居住环境,购买三室或以上的户型,如具有书房、健身房、入户花园等设计的户型,提升居住的舒适度。

4. 老年购房者置业要考虑哪些因素?

老年购房者已经退休,对交通、大型购物商场等的要求大大淡化,但是对居住环境的需求却在增加,比如空气好、绿化率高、安静和谐、房屋宽敞、阳光充足等。老年购房者可以选择在郊区,但是要明确周边医疗机构是否方便,在紧急情况下是否能及时就医。

老年购房者在选房时要重点关注以下几个要点:

(1) 区位环境

健康的身体跟周围的生态、居住环境有很大关系,老年人要选择在安静、无污染的环境中,如郊区清新的空气和开阔的视野对老人身体大有裨益,所以老年购房者可以选择离市区远一点的房子。但也不能忽略交通的便利,最好是距市区的车程在半小时以内,方便出行。社区内的小环境要开阔静谧,建筑采取低密度为宜。

(2)合适户型

尽量避免过于繁复的户型,特别是七绕八拐的布局。过于大且空的户型(特别是一些错层复式)也不太适合,因为房子太大而居住人口少,容易产生孤独感。老年购房者在选择房子时,要对房间的朝向、采光能力、通风效果等因素特别注意。

(3)社区配套

1)无障碍设计。为了便于及时救护,最好选择有无障碍设计,以及一层以上配备电梯的社区。

2)生活配套设施。选择的社区要具有一些娱乐康体设施,此外,还应有送餐、送货、送水等各项上门服务。

3)社区文化。尽量选择同龄人较多、同乡较多、业主活动丰富的小区,以避免产生孤独感。

3.4　实地看房

1. 什么时候看房好?

购房者既要选择在白天和晴天看房,也要在晚上和雨天看房。

在白天和晴天看房,购房者可以看房屋各房间的光线强度。客厅和起居室的自然采光宜充足,尤其是谈话区应尽量安排在采光良好的窗前;音像视听区应远离窗户,以避免阳光直射视听设备,影响收视效果。另外,客厅和起居室的家具和摆设品也应尽量避免阳光直射,以防止褪色或变形。而书房的自然采光宜明亮,尤其是写字台宜放在面北窗下,因为北面的光线柔和、稳定而且不刺眼。写字台宜与窗户垂直放置,让光线从左上方射下来,在读书和写字时都比较舒服。卧室的光线要柔和,适宜睡眠,床应放在光线较暗的房间中部。厨房的光线要充足,但是应避免光

线直射，尤其是橱柜、冰箱应该尽可能离开窗户或面向窗户；餐厅的光线应柔和舒适，餐桌应避免强光直射以免影响食品口味；卫生间的光线不要太亮，直接朝外的窗户要用一些装饰品来修饰一下，避免从外向内一览无余。

此外，在晚上看房，主要是看入夜后房屋附近的环境和噪声状况怎样，照明设施效果如何。在雨天看房，可以看出房屋门窗、墙壁、屋顶等有无进水、渗漏现象，特别是连续几天下雨后，再好的伪装也会暴露无遗。

2. 看模型时要注意哪些事项？

购房者在观看模型时，需要注意以下几点：

（1）看社区生活功能区域的布局

如小区的绿化带分布，多高层组团的彼此间距，地上地下机动车、自行车库的布置，人行道设计规划，露天娱乐休闲区域的面积大小与布局，社区公共设施位置等。

（2）问清组团间楼体间距

有些房地产开发企业为使模型精美，吸引购房者的目光，会有意调整模型的间距比例，用绿化渲染来造成公共空间的宽阔通透，购房者应根据小区占地面积、总建筑面积、容积率等数据，结合模型比例来做一个预估。

（3）问清楚如变电站、垃圾箱、化粪池的具体位置

房地产开发企业为绕开这种不利因素，往往会忽略布置或使用障眼法。

（4）分辨大片绿地是不是空中楼阁

有些模型沙盘做得很漂亮，似乎什么都有。但如果楼盘销售价格较便宜，地段又是在较为便利、具有一定生活优势的区域，其土地成本必定相对较高，占地面积有限。要花大成本投放社区公共设施，房地产开发企业的成本利润比肯定难以平衡。只能充分利用空间，用小、巧、全的办法来规划布局。模型上大片大片的绿地、规整交叉的行道树、比例放大的活动空间，无疑是空中楼阁般的装饰。

3. 看图样时应主要关注哪些要点？

购房者需要看的图样包括小区规划图、标准层平面图和户型图。

（1）小区规划图

小区规划图反映了小区的规划布局，看规划图时，主要看建筑的相互关系、建筑的小环境、采光、通风条件等。从规划图中可以看到各种建筑物的分布密度、建筑物的数量、面积、容积率、绿化率、道路系统分布等，购房者可以按照蓝图给定的比例尺量一量图上的楼距（南北楼距及侧面的楼距），换算一下，并根据图示中标出的楼体高度，看看它是否符合建筑设计规范的楼距要求，是否有采光不足或遮挡景观的问题。

（2）标准层平面图

标准层平面图体现了一个住宅单元中几种不同户型的布局，它们之间的关系可能会影响到住宅的使用。购房者主要看窗户和阳台是否互相干扰，入口是否相邻太近，一梯几户等。

（3）户型图

户型图描述了一套住宅的面积与房间布局，其尺寸、位置、形状、相互关系等基本参数体现出住宅的基本功能和经济性能。购房者主要看空间布局是否合理、面积尺度是否合适等。

4. 看样板房时需要注意哪些细节？

看样板房是购房者了解物业设计、质量、户型、面积、装修最直观、最简捷的方法之一，但仅仅依靠看样板房获取的第一印象就购房，也容易陷入片面选择的购房误区。

在看样板房时，购房者需要注意以下细节：

1）样板房的整体设计、装修材料的使用、家具配套等都是经过精心打造的，购房者走进精美的样板房，往往耳目一新，直观印象极佳。但越是这个时候，购房者越容易忽略了对房屋结构、质量、户型的认真考察。要想冷静客观地挑选到一套好房子，购房者应以客观、冷静的心理去挑选户型结构和其内在的质量。

2）有的样板房在装修中采用强光，并利用周围壁板的反光效果、天花板的穹宇效果以优化房屋的空间感受，还有的样板房选用专门定做的较小较低、但十分和谐配套的家具强化室内空间利用的整体效果。但以上装修效果是一般性装修难以达到的。

3）样板房中的配套设施应有尽有，其配置一般都是市场上较为前卫的样式，看上去十分现代，使用也十分舒适。在看样板房的时候应该问清楚样板房内的东西在交房时，哪些是提供的，哪些是不提供的，是否同样品牌。

4）出于完善装修效果的考虑，样板间一般不会设置水、煤气、暖气等管道线路，因此样板房的居室，尤其是厨房、卫生间就显得十分敞亮。样板房里不用设置上、下水，因此房间里也不会出现粗大的下水管和暖气管线，空调也是摆设，用不着穿墙破洞。购房者要站在现房而不是样板房的角度上预先考虑房子的管道线路对实际装修效果的影响。

5）样板房的尺寸比例是不是1∶1，不妨用尺子量一量，或以房间内长、宽方向的地砖数量折算一下房屋的面积，一定要问清房子的使用率是多少。

6）购房者最好去看已经竣工现房中的样板房，或者是未加修饰的毛坯房。这样的房子可以使人们的目光聚焦在房屋户型、面积、朝向等大问题上，以免被人为的装修效果所左右。同时，这种房子的本身质量以及优缺点由于没有装修的遮掩，都能比较清楚地显露出来。

5. 看二手房广告要注意哪些细节？

二手房广告中会有很多的标示和特殊用语。一般情况下，一条房源信息包含位置、楼层、户型、面积、价格和备注六大部分，其中，楼层、户型和备注的某些表述购房者需要特别注意。

（1）楼层

楼层有两种表述，一种是直接写清楼层，清晰易懂，比较特殊的如"五非"表示五楼但不是顶层，"六顶"表示六楼顶层；另一种是不仅告诉该房的楼层，而且写清了整栋楼的层数，比如"3/6F"表示整栋楼有六层，该房处于三层。

（2）户型

一般的户型以"X.X"或"X–X"表述，如3.1、2–1分别表示三室一厅、两室一厅，但有时会出现2.0，这表示该房的户型是两室。廊通常会用"L"表示，比如3.1L、3.L都表示三室一廊。而复式的结构会在后面注明"复式"，比如"五六复式"表示该房是复式，在五楼和六楼。卫生间的表示会在上述标示后再加上一个数字，比如"4–2–2"表示四室两厅两卫。如果不注明，一般情况下就表示有一个卫生间。

（3）备注

备注一般包括楼龄、基础设施、装修情况、房屋性质等信息。备注中出现数字，一般不是楼龄就是面积。

6. 看室内环境要关注哪些要点？

购房者看室内环境，主要通过看室内的通风、隔音、私密性、格局、电路、房间高度等来判断其是否适合居住。

（1）通风

我国大部分地区夏季多为东南风，冬季多为偏北风。如果住宅有南北两个朝向，夏季能有穿堂风，比住宅中所有居室都朝南，但没有穿堂风的要好。所以一般来说，板楼的通风效果好于塔楼。在选择时，购房者要仔细区别哪些户型是板楼的，哪些户型是塔楼的。此外还要注意住宅楼是否处在开敞的空间，住宅区的楼房布局是否有利于在夏季引进主导风，保证风路畅通。一些多层或板楼，从户型设计上看通风情况良好，但由于围合过紧，或是背倚高大建筑物，致使实际上无风光顾。

（2）隔音

噪声对人的危害是多方面的，它不仅干扰人们的生活、休息，还会引起多种疾病。购房者应尽量选择远离学校、农贸市场等噪声源的住宅，住宅内的居室、卧室不能紧邻电梯布置以防噪声干扰。

（3）私密性

为避免视线干扰，多层住宅居室与居室之间的距离以不小于24m为宜，高层住宅的侧向间距宜大于20m。

（4）格局

房屋功能能否有效发挥取决于格局的设计是否合理、周全。理想的住房格局应该是：打开房门进入客厅→餐厅→厨房，卧室不正对客厅，房间的活动区与休息区分隔合理。

（5）电路

要仔细查看电路布置、电线粗细、插座及开关安置是否科学合理、方便实用和

留有余地。

(6) 房间高度

房间高度不够，会给生活带来不便。合理的房间高度通常为 2.8m。

(7) 窗外景观

由于各套房子里各个方位的朝向不同，所看到的景观也不同。相对而言，能看到如江、河、湖、泳池、园林的朝向都是好的，而价格也比较贵。并且，房地产开发企业一般将好的朝向做成大面积套房，景观差的做成小面积套房，让花钱多的人得到更好的享受。

第 4 章
房屋销售价格

1. 什么是总价格和单位价格？

总价格简称总价，是指一宗房地产的整体价格。根据情况的不同，房地产总价格的内容也不同。它可能是一块面积为500m²的土地价格，一套面积为200m²的高级公寓的价格，或一片1000m²的土地的价格，也可能是一个地区范围内的全部房地产的价格，或者是一个国家全部房地产的价格。房地产的总价格一般不能说明房地产价格水平的高低。

单位价格简称单价。对土地的单位价格来说，是指单位土地面积的土地价格；对建筑物的单位价格来说，是指单位建筑物面积的建筑物价格；对房地的单位价格来说，是指单位建筑物面积的房地价格。房地产的单位价格可以反映房地产价格水平的高低。

认清单位价格，要认清货币单位、面积单位及面积含义。以土地为例，土地单位价格与土地总价格的关系为：土地单位价格=土地总价格/土地总面积。

由于各国或各个地区的土地面积的计量单位不同，单位面积土地价格的表示方式也不尽相同。如我国内地通常采用每m²地价，香港地区采用每平方英尺地价（10.764平方英尺合1m²），台湾地区采用每坪地价（大约0.303坪合1m²）。有时土地面积单位还采用亩、公顷等。对于住宅来讲，又有单元建筑面积（套型建筑面积）、使用面积或居住面积的价格之分。

2. 均价、基价、起价、一口价分别指什么？

均价是指将各单元的销售价格相加之后的和除以单元建筑面积的和，得出的每m²的价格。

基价也叫基础价，是指经过核算而确定的每m²商品房的基本价格。商品房的销售价一般以基价为基数增减楼层、朝向差价后得出。

起价也叫起步价或最低价，是指某物业各楼层销售价格中的最低价格。多层住宅一般以一楼或顶楼的销售价为起价；高层物业以最低层的销售价为起步价。房产广告中常以较低的起价来引起购房者的注意。

最高价是指目前销售单元中最高的单价。

一口价是特价的一种形式，一般是指抛开原来的定价，针对市场的接受能力而对楼盘的某些单元进行个别定价。一口价的单元不享受其他折扣优惠。

3. 什么是楼面价？

楼面价是土地出让价的表示方法，又称单位建筑面积地价，是平均到每单位建筑面积上的土地价格，楼面地价往往比土地单价更能说明土地价格水平的高低。楼面地价与土地总价格的关系为：楼面地价=土地总价格/建筑总面积。

由此公式可以得出楼面地价、土地单价、容积率三者之间的关系，即楼面地价=土地单价/容积率。

4. 什么是商品房销售明码标价？

商品房销售明码标价是指商品房经营者在销售商品房时按照《商品房销售明码标价规定》的要求公开标示商品房价格、相关收费以及影响商品房价格的其他因素。

已取得预售许可证和销售现房的房地产经营者，要在公开房源时，按照规定实行明码标价。商品房经营者不得在标价之外加价销售商品房，不得收取任何未予标明的费用。商品房经营者应当在商品房交易场所的醒目位置放置标价牌、价目表或者价格手册，有条件的可同时采取电子信息屏、多媒体终端或计算机查询等方式。采取上述多种方式明码标价的，标价内容应当保持一致。

商品房销售明码标价实行一套一标，按照建筑面积或者套内建筑面积计价的，还应当标示建筑面积单价或者套内建筑面积单价，并明确标示与商品房价格密切相关的因素，包括：

1）房地产开发企业名称、预售许可证、土地性质、土地使用起止年限、楼盘名称、坐落位置、容积率、绿化率、车位配比率。

2）楼盘的建筑结构、装修状况以及水、电、燃气、供暖、通信等基础设施配套情况。

3）当期销售的房源情况以及每套商品房的销售状态、房号、楼层、户型、层高、建筑面积、套内建筑面积和分摊的共有建筑面积。

4）优惠折扣及享受优惠折扣的条件。

5）商品房所在地省级价格主管部门规定的其他内容。

5. 影响房屋销售价格的因素有哪些？

影响房屋销售价格的因素主要包括市场供求状况、房屋自身条件、外部环境因素、政策因素、经济因素、人口因素等。

（1）市场供求状况

供给和需求是形成价格的两个最终因素。其他一切因素，要么通过影响供给，要么通过影响需求来影响价格。房屋的价格也是由供给和需求决定的，与需求成正相关，与供给成负相关。供给一定，需求增加，则价格上升；需求减少，则价格下跌。需求一定，供给增加，则价格下跌；供给减少，则价格上升。

（2）房屋自身条件

1）位置。房屋的价格与其所处的位置优劣成正相关。商业地产的位置优劣，主要是看繁华程度、临街状态。住宅地产的位置优劣，主要是看周围环境状况、安宁程度、交通是否方便，以及距市中心的远近。其中别墅的要求是接近大自然，环境质量优良，居于其内又可保证一定的生活私密性。工业地产的位置优劣，通常视其产业的性质而定，一般来说，要是其位置有利于原料与产品的运输，便利于废料处理及动力的取得，其价格必有趋高的倾向。

房屋所处的位置有自然地理位置与社会经济位置之别。房屋所处的自然地理位置虽然不变，但其社会经济位置却会发生变动，这种变动可能是因城市规划的制定或修改，交通建设或改道，也可能是其他建设引起的。当房屋所处的位置由劣变优时，则价格会上升；相反，则价格会下跌。

2）日照。一般来说，受到周围巨大建筑物或其他东西遮挡的房屋的价格（尤其是住宅），必低于无遮挡情况下的同等房屋的价格。日照对房屋价格的影响还可以从住宅的朝向对其价格的影响中看到。

3）建筑物外观。建筑物外观包括建筑式样、风格和色调。凡建筑物外观新颖、优美，可以给人们舒适的感觉，价格就高；反之，单调、呆板，很难引起人们强烈的享受欲望，甚至令人压抑、厌恶，价格就低。

4）其他。其他条件包括建筑物朝向、建筑结构、内部格局、设备配置状况、施工质量等。

（3）外部环境因素

1) 声觉环境。噪声大的地方，房屋价格必然低。噪声小、安静的地方，房屋价格通常较高。

2) 大气环境。房屋所处的地区有无难闻的气味、有害物质和粉尘等对房屋价格会有一定影响。凡接近化工厂、屠宰厂、酒厂、厕所等地方的房屋价格较低。

3) 水文环境。地下水、沟渠、河流江湖、海洋等污染程度如何，对其附近的房屋价格也有较大的影响。

4) 视觉环境。房屋周围安放的东西是否杂乱，建筑物之间是否协调，公园、绿化等形成的景观是否赏心悦目，这些对房屋价格都有影响。

5) 卫生环境。清洁卫生情况如何，对房屋价格也有影响。

（4）政策因素

1) 住房制度。实行低租金、福利制会造成房地产价格降低。

2) 房地产价格政策。房地产价格政策有两类：一类是高价格政策；一类是低价格政策。所谓高价格政策，一般是指政府对房地产价格放任不管，或有意通过某些措施抬高房地产价格；低价格政策，一般是指政府采取种种措施抑制房地产价格上涨。因此，高价格政策会促进房地产价格上涨，低价格政策则会造成房地产价格下降。

3) 税收政策。直接或间接地对房地产征税，实际上是减少了利用房地产的收益，可能短时间内会由于出售者或出租者成本转嫁意愿而造成房地产价格上涨，而长时间则由于总体购买者和承租者承接能力和意愿的下降而造成实际上房地产价格的走低。

（5）经济因素

影响房地产价格的经济因素主要有经济发展状况、储蓄水平、消费水平、投资水平、财政收支以及金融状况、物价水平（特别是建筑材料价格）、建筑人工费水平、利息率、居民收入水平、房地产投资情况等。

1) 经济发展状况。经济发展预示着投资、生产活动活跃，对厂房、办公室、商场、住宅和各种文娱设施等的需求增加，从而引起房地产价格上涨。

2) 物价水平。房地产价格与物价的关系非常复杂。通常物价普遍波动，房地产价格也将随之变动。如果其他条件不变，则物价变动的百分比相当于房地产价格变动的百分比，而两者的动向也应一致。

就单独一宗房地产而言，物价的变动可以引起房地产价格的变动，如建筑材料价格上涨，引起建筑物建造成本增加，从而推动房地产价格上涨。

从一段较长时期来看，房地产价格的上涨率要高于一般物价的上涨率和国民收入的增长率。

3）居民收入水平。通常，居民收入的真正增加显示人们的生活水平将随之提高，从而促使其对房地产的需求增多，导致房地产价格上涨。如果居民收入的增加是中、低等收入水平者的收入增加，对居住房地产的需求增加，促使居住房地产的价格上涨。如果居民收入的增加是高收入水平者的收入增加，对房地产价格的影响不大。不过，如果高收入水平者利用剩余的收入从事房地产投资（尤其是投机），则必然会引起房地产价格变动。

(6) 人口因素

1）人口数量。房地产价格与人口数量的关系非常密切。特别是在大城市，随着外来人口或流动人口的增加，市场对房地产的需求必然加大，从而促进房地产价格的上涨。人口高密度地区，一般而言，房地产需求大于供给，供给相对匮乏，因而价格趋高。

2）人口素质。人们的文化教育水平、生活质量和文明程度，可以引起房地产价格高低的变化。随着文明的发达、文化的进步，公共设施必然日益完善和普遍，人们对居住环境也必然力求宽敞舒适，凡此种种都足以增加房地产的需求，从而导致房地产价格趋高。如果一个地区中的居民素质低，组成复杂，秩序欠佳，人们多不愿在此居住，房地产价格必然低落。

3）家庭规模。家庭规模是指全社会或某一地区的家庭平均人口数。家庭规模发生变化，即使总数不变，也将引起居住单位数的变动，从而引起需用住宅数量的变动，随之导致房地产需求的变化而影响房地产价格。一般而言，随着家庭规模小型化，即家庭平均人口数的下降，房地产价格有上涨的趋势。

6. 影响二手房销售价格的因素主要有哪些？

影响二手房销售价格的因素主要有外部环境因素和房屋因素两个方面。

(1) 外部环境因素

1）基础设施与公益设施是否成熟，如物业附近是否有医院、超市、学校、银行等商业服务设施。

2）交通条件，如出行是否方便，购物是否方便，娱乐活动是否方便。

3）物业所在社区的环境，如小区的绿化率，物业管理情况，小区内的配套设施，有无体育锻炼的空间等。

4）人文环境，如小区内居民的构成结构，人员素质如何，周围治安等状况如何。

（2）房屋因素

1）房屋的结构有砖木、砖混、钢混、框架等结构，结构不同，房屋的造价就不同。

2）户型不同，房屋的使用功能就不同，房屋的价格也不同。

3）我国处于北半球，房屋的朝向以南向为佳，冬暖夏凉。特别是厅的朝向要朝南，因为厅的利用率最高。其次是东南、西南、东，朝北、朝西的房子较差。

4）房屋的开间及层高影响房屋的整体感觉，开间大，房内摆设容易布置，采光好，层高高让人感觉宽敞。

5）房屋的客厅、卧室、厨房、卫生间的面积分布是否合理。

6）房间的采光以直接采光为佳，也要考虑小区栋与栋之间的距离是否开阔。

7）房屋已使用年限的长短及房屋的保养情况。

8）房屋内是否有裂缝、渗水等质量问题。

7. 房屋销售价格是如何制定出来的？

房地产开发企业制定房屋的销售价格一般采用成本加成法和市场比较法。

（1）成本加成法

成本加成法是指将开发成本加利润分摊到单位建筑面积上确定价格。房地产开发企业开发物业不能忽略其基本成本，建造之前的成本预算在很大程度上影响最终销售价格。建造成本含土地使用费、公共设施配套费、建筑材料和人工费以及多种相关税费等，这些均为硬性成本，房地产开发企业一般在成本的基础上加以适当的利润来确定房价。

（2）市场比较法

市场比较法是指以周边市场同类型物业做参考，定出一个合适价格。这是市场

上使用最多也最符合市场行为规则的定价方法，也为购房者判断房价高低的方法。总体市场影响区域市场，房地产开发企业通过自身物业的相关指标（如绿化、小区配套、朝向、户型设计等），与周边相关物业指标进行对比，再相应定出一个价格。因此，同一区域物业的价格都会在一个相差不多的范围内。区域价格影响着个案的价格，个案的价格差异往往反映了个案间的特殊性。

8. 房地产开发企业一般会采用什么开盘价格策略？

开盘定价是房地产开发企业日后进行价格修正的基准，其一般会采用低价开盘或高价开盘的价格策略。

（1）低价开盘

低价开盘是指楼盘在第一次面对购房者时，以低于市场行情的价格公开销售。对于以下类型的项目，房地产开发企业一般会选择低价开盘：

1）产品的综合性能不强。

2）项目开发体量相对较大。

3）市场竞争激烈，类似产品多。

（2）高价开盘

高价开盘是指楼盘第一次面对购房者时，以高于市场行情的价格公开销售。对于以下类型的项目，房地产开发企业一般会选择高价开盘：

1）具有别人所没有的明显楼盘卖点，拥有在产品或服务方面的特异之处，并且容易为客户所接受。

2）产品的综合性能上佳。

3）体量适合，公司信誉好，市场需求旺盛。

9. 与销售人员谈价前需要了解哪些情况？

购房者在跟销售人员进行谈价之前，需要了解所要购买物业的销售情况、还价幅度、周围房源、物业本身情况以及市场行情等情况。

（1）销售情况

一般来说，当月销售量并不大或销售并不理想的，往往还价余地大，因此，在每月月末实现成交往往较有主动权。

(2) 还价幅度

购房者在了解销售人员给的优惠幅度情况后，可以以再降一个百分点为成交条件，通常情况下现场销售经理手头控制着一至二个百分点的优惠幅度，是有可能降的。一般情况下，标价的5%左右为谈判线。

(3) 周围房源

购房者要对自己选中物业的周边物业情况有所了解，比如同档次房屋的价格、销售状况、实际使用率、出租市场潜力等方面的情况。

(4) 物业本身情况

物业本身情况包括房屋开发手续是否健全，房地产开发企业的信誉和知名度（如果是销售代理商售房，则应对代理的资质情况进行了解），房屋建筑装修质量、房屋建筑进度是否与先期承诺吻合，房屋实际销售率，房屋设计、规划存在的不足和缺陷等。购房者可以通过挑出所购房屋的不足之处，比如朝向、视野、房屋格局等方面的不足来作为和销售人员谈判的筹码。

(5) 市场行情

一般来说，在市场行情好的时候，议价空间小；在相对低迷阶段，议价幅度可以拉大。

(6) 业主心态

对于二手房，购房者还需要了解业主售房的心态。了解业主出售房屋所得款项拟作何用途。如果业主急于出售换取现金，或者必须在几天之内卖房，愈接近业主的卖房期限，业主就越急于出售。在此时议价，将对购房者谈价非常有利。否则，价格很难谈拢。另外，业主在房地产中介公司委托出售时定的价位，往往高于心理价位，要投石问路，试探业主，引导业主透露其心理底价，以便自己能在谈判中从容地跟业主讨价还价。

10. 谈价时要注意哪些要点？

房地产开发企业的销售人员在上岗工作之前，一般都要经过严格的培训，购房者要想在交易过程中不受其诱导，就要主动出击，争取得到更多的优惠。具体可以参考以下几点：

1) 不要表露对物业有好感，要以一种漫不经心的态度对待，避免流露出特别

强烈的购买欲望。

2）告知销售人员已看中其他物业并准备付定金，但对此处物业亦感兴趣，流露出一种两难之中难下决断的样子，或者是已看中其他物业并已付定金，但也喜欢此物业，探询能否再便宜点以补偿已付又不能退的定金。

3）争取优惠的付款方式，如告诉销售人员自己的现金积压在股市上或其他生意上，购房款需要分期慢慢支付，或者要等现有物业出售后才能支付，因此要求在付款方式上优惠。

4）寻找物业的缺点要求降价。

5）采取合伙战术，告诉销售人员自己是与合伙人共同投资购买此房的，所出价格需要与合伙人商议，或者是自己很满意，但家人有其他的想法，希望便宜点可以解决问题。

6）告诉销售人员可以一次性付款，希望给出最优惠的价格，一般来说可以从销售人员那里得到2%~5%左右的房价款优惠。

7）告诉销售人员只要售价合适马上交定金，决定购买。

8）如果实在谈不下来，那就什么也不多说，抬腿就走。

第 5 章

购房合同

1. 什么是合同格式条款？

格式条款是当事人为了重复使用而预先拟定，并在订立合同时未与对方协商的条款。格式条款使当事人订立合同的过程得以简化，从而提高交易效率。但格式条款一方当事人往往会利用其优势地位，在条款中列入一些不公平的条款，而对方当事人由于自身地位原因，只能被动接受，因此这样的合同往往会违背公平原则。所以法律规定提供格式条款的一方应当遵循公平原则确定当事人之间的权利、义务，并采用合理的方式提请对方注意免除或者限制其责任的条款，并按照对方的要求，对该条款予以说明。我国的商品房买卖合同均由各地行政主管审核才可作为格式条款。

2. 房地产买卖合同中的不可抗力是指什么？

不可抗力是指买卖合同签订后，不是由于当事人一方的过失或故意，发生了当事人在订立合同时不能预见，对其发生和后果不能避免并且不能克服的事件，以致不能履行合同或不能如期履行合同。遭受不可抗力事件的一方，可以据此免除履行合同的责任或推迟履行合同，对方无权要求赔偿。不可抗力通常包括两种情况：一种是自然原因引起的，如水灾、旱灾、暴风雪、地震等；另一种是社会原因引起的，如战争、罢工、政府禁令等。但不可抗力事件目前国际上并无统一、明确的解释。哪些意外事故应视作不可抗力，可由买卖双方在合同的不可抗力条款中约定。

3. 哪些类型的房地产买卖合同是无效的？

违反法律、法规的房地产买卖合同无效。无效的房地产买卖合同，从订立时起就不具有法律的约束力。房地产买卖合同被确认为无效后，当事人一方有过错的，应当赔偿对方因此遭受的损失。当事人双方均有过错的，应当各自承担相应的责任。以下几种类型的房地产买卖合同是无效的：

1）无民事行为能力人所签订的房地产买卖合同。根据我国《民法通则》的规定，无民事行为能力人由其法定代理人代理实施民事行为，因此，无民事行为能力人的房屋买卖均应由其法定代理人代理签订合同，他们不能独立签订房地产买卖合同，否则属无效合同。

2）限制行为能力人未取得法定代理人的同意签订的房地产买卖合同。限制行为能力人只能进行与其年龄、智力、精神状况相适应的民事活动,他们进行房屋买卖应当由其法定代理人代为签订合同或取得法定代理人的同意。没有法定代理人的同意,限制行为能力人自己签订的房地产买卖合同无效。

3）以欺诈签订的房地产买卖合同。这是指一方当事人以捏造事实或隐瞒真相等欺骗手段,致使对方当事人发生错误认识所签订的房地产买卖合同。

4）以胁迫的手段签订的房地产买卖合同。这是指一方当事人以使对方财产、肉体或精神上受损害相威胁,迫使其产生恐怖心理而签订的房地产买卖合同。

5）乘人之危签订的房地产买卖合同。这是指一方当事人乘对方处于危难之际或利用对方的迫切需要,强迫对方接受明显不利的条件所签订的房地产买卖合同。

6）双方当事人恶意串通,损害国家、集体或他人利益所签订的房地产买卖合同。

7）当事人之间没有签订书面房地产买卖合同,又无据可查的,也认定为房地产买卖合同无效。

4. 商品房预售合同主要包括哪些内容?

商品房预售合同主要包括以下内容:

1）当事人名称或者姓名和住所。

2）商品房基本状况。

3）商品房的销售方式。

4）商品房价款的确定方式及总价款、付款方式、付款时间。

5）交付使用条件及日期。

6）装饰、设备标准。

7）供水、供电、供热、燃气、通信、道路、绿化等配套基础设施和公共设施的交付承诺和有关权益、责任。

8）公共配套建筑的产权归属。

9）面积差异的处理方式。

10）办理产权登记有关事宜。

11）解决争议的方法。

12）违约责任。

13）双方约定的其他事项。

商品房预售合同还应当附有预购商品房项目及楼层平面图,并在平面图上标明预购人所购商品房的楼号、楼层和房号。

5. 二手房买卖合同主要包括哪些内容?

二手房买卖合同主要包括以下内容:

(1) 当事人的名称或姓名、住所

这里主要是写清当事人的具体情况,如地址、联系方式等,以免出现欺诈情况;双方应彼此做详细清楚的介绍或调查;应写明是否共有财产、是否夫妻共同财产或家庭共同财产。

(2) 标的

在二手房买卖合同中标的就是房屋。合同中应明确房屋的地点(方位、朝向、门牌号等)、类型(公房或私房)、结构(木制、砖制等建筑使用的材料)、质量(新旧程度、使用状况等)及附属设施等内容。其中质量条款是容易发生纠纷的地方,在签合同时一定要把质量要求详细地写进合同。例如,屋内设备清单;水、电、气、管线情况;门、窗、家具情况;房屋抗震等级等方方面面都要涉及。同时,还应写明房屋产权归属(要与第一条衔接),是否存在房屋抵押或其他权利瑕疵,房屋的物业管理费用及其他交费情况。

(3) 数量

合同中应写明房屋的建筑面积,或使用面积、楼层数、房间数等。

(4) 价款

明确房屋售价是多少,甚至每m^2建筑面积售价是多少。明确按国家规定应当缴纳的税费和杂费如何分担。对于这方面的基本常识,买家要多加了解,并且要具体落实到价格条款之中,不能有任何疏漏。

(5) 期限

合同中要写明签订的期限、买家支付价款的期限、卖家交付房屋的期限等。

(6) 交付方式

交付方式包括卖家交付房屋及买方支付价款的方式。交付房屋,应明确要对房屋进行验收,按规定办理产权过户手续,缴纳税金及费用,领取新的房屋产权证明等。支付价款的方式,应明确以现金还是支票支付,付款是一次付清还是分期交付以及缴纳定金的时间、数额，分期付款的步骤、时间和数额等。

（7）违约责任

主要说明哪些属于违约情形；如何承担违约责任；违约金、定金、赔偿的计算与给付；在什么情况下可以免责；担保的形式；对违约金或定金的选择适用问题。

（8）解决争议的方式

主要约定解决争议是采用仲裁方式还是诉讼方式。需要注意的是，如果双方同意采用仲裁的形式解决纠纷，应按照我国《仲裁法》的规定写清明确的条款。

（9）合同生效条款

合同生效条款包括双方约定合同生效时间；生效或失效条件；生效或失效期限；当事人要求变更或撤销合同的条件；合同无效或被撤销后，财产如何进行返还。

（10）合同中止、终止或解除条款

明确约定合同中止、终止或解除的条件；上述情形中应履行的通知、协助、保密等义务；解除权的行使期限；合同中止、终止或解除后，财产如何进行返还。

（11）合同的变更或转让

约定合同的变更与转让的条件或不能进行变更、转让的禁止条件。

（12）附件

说明本合同有哪些附件；附件的效力等。

（13）其他

必要的时候，还需签订有关的补充协议，特别是有关房屋面积、房屋质量以及付款等关键条款，一定要有细节性的明确约定。

6. 签订房地产买卖合同要注意哪些细节？

购房者在签订房地产买卖合同时，要重点注意以下几个问题：

（1）项目名称

房地产开发企业为了项目促销宣传的名称，政府不一定批准。购房者以名称不对要求房地产开发企业退房或赔偿通常不会得到法院支持，购房者买房时应该知道该项目政府批准的名称。

（2）签约人身份

购房者与房地产开发企业签署的合同中要明确对不按设计图纸施工和达不到质

量等级的处理办法，越详细越好。另外，在签约前最好查明代表房地产开发企业签字的人是否是法人代表，如果不是，则需确认其持有授权委托书，否则这个人的签字是无效的。同时，要注意合同上的公章是否有效，这样可以避免房地产开发企业推卸责任。很多项目往往存在房地产开发企业与投资商不一致的情况，比如项目是A企业开发的，实际上却是由B企业投资，这种情况下购房者还是应与A企业签约，否则以后办理各种手续会很麻烦。

（3）定金返还问题

购房者买房的第一步是与房地产开发企业签订认购书，并交一定额度的定金，这是无可非议的。但有时购房者在交付定金后因种种原因得不到银行的贷款而无法购买该房产时，房地产开发企业一般都只退购房款而不退定金，理由是购房者没有履行合同，所以没收定金。所以，购房者最好与房地产开发企业在合同中约定，若自己得不到贷款时，定金该如何返还或是否要扣除部分作为手续费等。

（4）烂尾问题

购买预售房的购房者，签订房屋预售合同时，可以在合同中约定，如果出现房屋烂尾情形，导致不可能如期交房，则购房者有权提前解除合同，房地产开发企业承诺无条件（或约定条件）退款。

（5）办证时间

房地产买卖合同一般只规定房地产开发企业向产权登记机关提供办理权属登记资料的时间，而不规定购房者取得房地产权属证书的期限。何时将权属登记资料报产权登记机关，购房者无法控制，且所报资料是否完备、合法、有效，是否符合产权登记机关的要求，都没有明确，这样房地产开发企业可能逃避其应尽的责任。购房者得不到产权证，其所购房屋的权属状态不确定，购房者便无法实现其与房屋所有权有关的民事权利，如买卖、租赁、抵押等。如果因为房地产开发企业开发程序不合法等原因无法办理房屋权属证明，那么购房者可能只对房屋拥有使用权，这样购房者即由买产权变成了买使用权，合同的性质就发生了根本变化，使购房者无法得到签订合同之初预计得到的利益。没有约定办理产权证的期限就等于购房者今后没有主张办证期限的权利，处理纠纷也没有依据。

（6）物业管理条款

有些房地产开发企业在尚未确定物业管理公司及服务标准、收费情况的前提下，就要求购房者在预售合同中承诺接受物业管理服务，并接受相关约束，这是对消费者权益的侵害。所以，买家应该将物业管理条款与预售合同分开签署，或另外设置条款确定物业管理的费用标准。

(7) 装修标准

要求房地产开发企业在合同中标明所送装修，如地板、地砖、厨房设备、洁具等的品牌、规格、装修质地甚至价格等。

(8) 违约责任比例

格式合同中有关购房者逾期付款的违约责任和房地产开发企业逾期交房的违约责任都是空白的，供双方自由约定。但房地产开发企业一般都不与购房者协商，会事先填好，比例从1%~5%不等，且不容更改。因为从整体上来说，对于合同的履行一般是房地产开发企业违约的情况多，购房者违约的情况很少，所以房地产开发企业为避免承担违约责任，将违约比例定得很低。这样一旦违约，房地产开发企业几乎不受什么损失，而购房者所受的损失几乎不能得到补偿，所以购房者应与房地产开发企业协商一个合适的违约责任比例。

(9) 补充协议

对于格式合同没有的条款，而购房者又有要求的，通过和房地产开发企业协商后可以写入合同补充条款或补充协议中，避免只是在口头上得到房地产开发企业的承诺。

7. 签订二手房买卖合同前要注意哪些问题？

如果购房者购买的是二手房，在签订合同之前，需要查清房屋的产权情况、房屋的上市交易资格、户口是否迁出等问题。

(1) 查清房屋的产权情况

在签订合同之前，购房者对所购房屋的产权有清楚的认知，不但可避免受到坑害，而且购房后自己的利益也可以受到法律的保护。购房者需要做的是：

1) 要求业主提供合法的证件，包括产权证书、身份证件、资格证件以及其他证件。资格证件是指查验交易双方当事人的主体资格，如代理人要查验代理委托书是否有效；共有房屋出售，需要提交其他共有人同意的证明书等。其他证件是指出租房产的，要查验承租人放弃优先购买权的协议或证明；共有房产的，要查验共有人放弃优先购买权的协议或证明等。

2）向有关房产管理部门查验所购房产产权的来源和产权记录，包括业主、档案文号、登记日期、成交价格等。

3）查验房屋的债务情况。在房屋产权记录中只记录了业主拥有产权的真实性以及原始成交情况，至于该房屋在经营过程中是否曾经发生过债务和责任，则需要查验有关的证明文件，主要包括抵押贷款的合同和租约，另外还要详细了解贷款额和偿还额度、利息和租金的金额。

4）了解房屋是否已被法院查封等问题。总之，要了解房屋产权的真实情况，购房者除了要向业主索要一切产权文件，还要到房屋管理部门查询有关房产的产权记录，两相对照，才能清楚地知道该房的一切产权细节，不至于有所遗漏。

（2）确认房屋的交易资格

根据国家规定，以下几种类型的房屋买卖将受到限制：

1）违法或违章建筑。

2）房屋使用权不能买卖，房屋产权有纠纷或产权未明确时，也不能买卖。

3）教堂、寺庙、庵堂等宗教建筑；著名建筑物或文物古迹等需加以保护的房屋。

4）由于国家建设需要，征用或已确定为拆迁范围内的房屋，禁止买卖。

5）单位不得擅自购买城市私房。

6）出租人、共有权人、出典人的房屋可以出售，在同等条件下，承租人、共有权人、承典人有优先购买权。

7）出卖享有国家或单位补贴廉价购买或建造的房屋有一定限制。

8）已购公有住房和经济适用住房的规定。购买公房和经济适用房，必须审查该房屋是否已取得产权证书和政府对已购公房的上市批准。

①已购买经济适用住房的家庭未住满5年的不得按市场价格出售住房。确需出售的，可出售给符合经济适用住房购买条件的家庭或由政府相关部门收购，出售单价不得高于购买时的单价。

②已购买经济适用住房的家庭住满5年的，可以按市场价格出售。由出售人到房屋所在地区、县国土房管局按成交额的10%缴纳综合地价款。

③买卖的房屋应能保持正常使用功能，超过合理使用年限后若继续使用的，产权人要委托具有相应资质等级的勘察、设计单位鉴定。

根据国家规定，以下几种类型的房屋是禁止买卖的：

1）司法机关和行政机关依法裁定，决定查封或者以其他方式限制二手房权利的。

2）依法收回土地使用权的。

3）共有二手房，未经其他共有人书面同意的。

4）权属有争议的。

5）未依法登记领取权属证书的。

6）已抵押，但是没有将出卖情况书面通知抵押权人的。

7）法律、行政法规规定禁止转让的其他情形。

（3）了解房屋户口是否已迁出

由于户籍的迁入和迁出等均归公安机关管理，不属于法院的受案范围，因此法院对于此类案件是不予受理的。而公安机关在处理户口纠纷时，又受到户籍政策的限制。比如，卖给买方的房屋是卖方唯一的一套房屋，没有其他的房屋可供卖方迁入户口，则无论买方理由多么充分，公安机关都是无法将卖方户口强行迁出的。相应地，买方的户口也就无法迁入。

为了避免因户口问题而引发房产纠纷，购房者要做好以下几个方面的工作：

1）要求业主出示户口本，通过审查业主的户口本，可大致了解业主家庭的户籍情况。但户口本只能反映业主家庭成员的户籍状况，而不能排除非家庭成员户口落于交易房屋内的可能。另外，户口本上的信息可能与实际的户籍状况存在差异。

2）在交易之前到公安机关查询交易房屋的户籍状况。房屋的户籍通常是由该房屋所在地的派出所管理的。购房者可以委托律师或亲自到派出所了解房屋的户籍状况。如果派出所仅限本人调取户籍材料的话，购房者可以要求同业主一起到派出所调阅。如果业主拒绝配合的话，则房屋的户口极可能存在问题。

3）约定适当的付款方式和违约责任。要求在合同中约定只有在确认所购房屋中的全部户口已经迁出时，才可以付清全部的购房款，并明确违约责任。

8. 房地产买卖合同未约定面积误差处理方式，如何处理？

商品房销售可以按套（单元）计价，也可以按套内建筑面积或者建筑面积计价。

商品房建筑面积由套内建筑面积和分摊的共有建筑面积组成，套内建筑面积部分为独立产权，分摊的共有建筑面积部分为共有产权，买受人按照法律、法规的规定对其享有权利、承担责任。

按套（单元）计价的预售房屋，房地产开发企业应当在合同中附所售房屋的平面图。平面图应当标明详细尺寸，并约定误差范围，房屋交付时，套型与设计图纸一致，相关尺寸也在约定的误差范围内，维持总价款不变；套型与设计图纸不一致或者相关尺寸超出约定的误差范围，合同中未约定处理方式的，买受人可以退房或者与房地产开发企业重新约定总价款。买受人退房的，由房地产开发企业承担违约责任。

按套内建筑面积或者建筑面积计价的，当事人没有在合同中约定面积与产权登记面积发生误差的处理方式，根据法律规定，按以下原则处理：

1）面积误差比绝对值在3%以内（含3%）的，据实结算房价款。

2）面积误差比绝对值超出3%时，买受人有权退房。买受人退房的，房地产开发企业应当在买受人提出退房之日起30日内将买受人已付房价款退还给卖受人，同时支付已付房价款利息。买受人不退房的，产权登记面积大于合同约定面积时，面积误差比在3%以内（含3%）部分的房价款由买受人补足；超出3%部分的房价款由房地产开发企业承担，产权归买受人。产权登记面积小于合同约定面积时，面积误差比绝对值在3%以内（含3%）部分的房价款由房地产开发企业返还买受人；绝对值超出3%部分的房价款由房地产开发企业双倍返还买受人。

面积误差比=（产权登记面积−合同约定面积）/合同约定面积×100%

9. 合同发生纠纷时，申请仲裁和向法院起诉有什么区别？

当发生合同纠纷时，由买卖双方协商解决，协商不成的，可选择向仲裁委员会申请仲裁或依法向人民法院起诉的方式解决。

大部分人会选择仲裁这种方式，其理由是仲裁人员由高学历的专业人士担任。按《仲裁法》规定，如果是一名仲裁员仲裁，由当事人双方共同选定该仲裁员；如果由三名仲裁员仲裁，双方可各选一名，第三名即首席仲裁员由双方共同选定或仲裁委员会指定。仲裁人员由于不是专职人员，所以受到行政干扰较少。仲裁相对诉讼所需时间较短。但仲裁实行的是一裁终裁制，除了法律规定的可申请撤销情形外，不能对仲裁裁决像诉讼那样由于不服一审判决可以提出上诉，对上诉判决不服可以请求再审，对仲裁结果只能遵守、履行。另外，仲裁费用较高，目前仲裁费用相当于法院起诉、上诉两审的费用，仲裁费用最终由败裁一方承担，而法院的受理费则是根据案件标的额的大小来确定，法院判决时通常不会要求诉讼费全部由败诉人承担。

第 6 章
交易税费

1. 什么是契税？

契税是指房屋所有权发生变更时，就当事人所订契约按房价的一定比例向新业主（产权承受人）征收的一次性税收。它是对因房地产产权变动而征收的一种专门税种。主要是对个人和私营单位购买、承受赠与或交换的房屋征收契税。

1997年4月23日，我国颁布了《中华人民共和国契税暂行条例》，规定契税税率为3%~5%。具体契税适用税率，由省、自治区、直辖市人民政府在税率范围内按照本地区的实际情况确定。

契税的纳税义务发生时间，为纳税人签订土地、房屋权属转移合同的当天，或者纳税人取得其他具有土地、房屋权属转移合同性质凭证的当天。不过，在一手房销售中，如果房地产开发企业一家一家办理，就会给征收部门带来很多麻烦，所以一般都是由房地产开发企业代业主集体办理。

2016年，财政部、国家税务总局、住房和城乡建设部《关于调整房地产交易环节契税营业税优惠政策的通知》规定：

1）对个人购买家庭唯一住房（家庭成员范围包括购房者、配偶以及未成年子女），面积为90m^{2}及以下的，按1%的税率征收契税；面积为90m^{2}以上的，按1.5%的税率征收契税。

2）对个人购买家庭第二套改善性住房（家庭第二套改善性住房是指已拥有一套住房的家庭，购买的家庭第二套住房），面积为90m^{2}及以下的，按1%的税率征收契税；面积为90m^{2}以上的，按2%的税率征收契税。（北上广深暂不实施此项优惠政策）

2. 什么是增值税和增值税附加税？

增值税是以商品在流转过程中产生的增值额作为计税依据而征收的一种流转税。个人转让房地产时应缴纳增值税，不再继续缴纳营业税。

个人将购买不足2年的住房对外销售的，按照5%的征收率全额缴纳增值税；个人将购买2年以上（含2年）的住房对外销售的，免征增值税（如果是北上广深的非普通住房对外销售的，按照销售收入减去购买住房价款后的差额的5%的征收率缴纳增值税）。

增值税附加税包括城市维护建设税、教育费附加和地方教育费附加,若增值税税额减少,附加税税额也会减少。

附加税=增值税×税率12%(包括:城市维护建设税7%、教育费附加3%、地方教育费附加2%)

3. 什么是个人所得税?

个人所得税简称个税。房产交易中的个税是指个人将拥有合法产权的房屋转让、出租或就房屋进行其他活动并取得收入,就其所得计算征收的一种税。2006年7月起,除个人转让自住唯一居住用房五年免征个人所得税外,其余情况均需要征收20%的个人所得税,具体执行有以下两种情况:

(1)非居住用房(一般有商铺、写字楼、停车场等)

1)能提供上手购房发票的,据实征收个人所得税=(转让收入-房产原值-合理费用)×20%。

2)不能提供上手购房发票的,核定征收个人所得税=转让收入×7.5%×20%=转让收入×1.5%。

(2)居住用房

1)不论是否为普通住房,能提供上手购房发票,据实征收个人所得税=(转让收入-房产原值-合理费用)×20%。

2)不能提供上手购房发票的,核定征收个人所得税=转让收入×5%×20%=转让收入×1%。

4. 什么是印花税?

印花税是对经济活动和经济交往中书立、领受凭证征收的一种税。它是一种兼有行为性质的凭证税,具有征收面广、税负轻、由纳税人自行购买并粘贴印花税票完成纳税义务等特点。

印花税的课税对象是房地产交易中的各种凭证,包括房屋因买卖、继承、赠与、交换、分割等发生产权转移时所书立的产权转移书据,税率为0.05%。一般买卖合同的印花税为0.05%,房地产产权证的印花税为每件5元,买卖双方均需缴纳此税。

5. 什么是土地增值税？

土地增值税是指国家为了规范土地和房地产交易秩序，调节土地增值收益而采取的一项税收调节措施。按照2011年《中华人民共和国土地增值税暂行条例》规定，转让国有土地使用权、地上建筑物及其附着物（转让房地产）并取得收入的单位和个人，是土地增值税的纳税义务人，应当按照《中华人民共和国土地增值税暂行条例》的规定缴纳土地增值税。

土地增值税的征收实行以下四级超额累进税率：

增值额未超过扣除项目金额50%的部分，税率为30%，税金=增值额×30%。

增值额超过扣除项目金额50%的部分，未超过100%的部分，税率为40%，税金=增值额×40%-扣除项目金额×5%。

增值额超过扣除项目金额100%的部分，未超过200%的部分，税率为50%，税金=增值额×50%-扣除项目金额×15%。

增值额超过扣除项目金额200%的部分，税率为200%，税金=增值额×60%-扣除项目金额×35%。

6. 什么是房产税？

房产税是以房屋为征税对象，对产权所有人就其房屋原值或租金收入征收的一种税费。由于房产是财产的一种，所以房产税也是一种财产税。

依据2011年《中华人民共和国房产税暂行条例》的规定，房产税的纳税人是拥有房产产权的单位和个人。产权属于全民所有的，由经营管理单位缴纳；产权出典的，由承典人缴纳；产权所有人、承典人不在房产所在地的，或者产权未确定及租典纠纷未解决的，由房产代管人或使用人缴纳。房产税的纳税人具体包括产权所有人、经营管理单位、承典人、房产代管人或者使用人。

房产税采用比例税率。由于房产税的计税依据分为从价计征和从租计征两种形式，所以房产税的税率也有两种。一种是按房产原值一次减除10%~30%后的余值计征的，税率为1.2%；一种是按房产出租的租金收入计征的，税率为12%。

下列房产免纳房产税：

1）国家机关、人民团体、军队自用的房产。

2）由国家财政部门拨付事业经费的单位自用的房产。

3）宗教寺庙、公园、名胜古迹自用的房产。

4）个人所有非营业用的房产（所以商品房不出租的不用缴纳房产税）。

5）经财政部批准免税的其他房产。

7. 房地产交易有哪些费用？

房地产交易需要缴纳的费用主要包括房地产交易手续费、房屋权属登记费、勘丈费、房地产产权证工本费等。

（1）房地产交易手续费

房地产交易手续费又称买卖手续费、过户手续费或交易管理费，是指由政府依法设立的，由房地产主管部门设立的房地产交易机构为房屋权利人办理交易过户等手续所收取的费用，收费标准按照面积或交易额分段收费，各个地方有不同的标准，一般为100~1000元。

（2）房屋权属登记费

房屋权属登记费即房屋所有权登记费，是指县级以上地方人民政府行使房产行政管理职能的部门依法对房屋所有权进行登记，并核发房屋所有权证书时，向房屋所有权人收取的登记费，一般为100元左右。

（3）勘丈费

勘丈费是指房产测绘机构收取的房产测绘（或勘丈）费用，一般为几十元至几百元。

（4）房地产产权证工本费

房地产产权证工本费是指制作房地产产权证的费用，一般为几元至几十元。

（5）中介机构佣金

中介机构佣金，即中介机构为交易双方提供居间服务所收取的费用。买卖双方各按最高不超过成交价的3%支付，出租人和承租人各按不超过一个月的租金支付。

（6）土地出让金

转让在划拨土地使用权用地上建造并允许出售的商品房，卖方按下列标准缴纳土地出让金：

1）已购公有住房和房改房按交易价的1%计收。

2）私人住宅（不含经济适用房、解困房、安居房），按其网格点基准地价的3%计收；单位住宅，按其网格点基准地价的30%计收。

3）商业用房，按其网格点基准地价的35%计收；商业路线价区段的商业临街宗地，加收路线价的10%。

4）办公用房，按其网格点基准地价的30%计收。

5）工业用房，一般按其网格点基准地价的20%计收；属于经营性基础设施和经营性仓储用地的，按其网格点基准地价的30%计收。

8. 购买一手住房一般需要缴纳哪些税费？

购买一手住房需要缴纳的税费一般包括：

（1）在交易过程中所需支付的税费

1）契税：总房价款的1%~3%。

2）交易手续费：一般为几百元。

3）买卖合同印花税：总房价款的0.05%。

4）公共维修基金：约为购房款的2%。

5）电话、燃气、有线电视、可视对讲及智能化设备初装费。

（2）在申办产权过程中所需支付的税费

1）权属登记费：一般为100元左右。

2）产权证工本费：一般为几元至几十元。

3）房产证印花税：一般为每件5元。

（3）办理按揭贷款过程中所需支付的费用

1）买卖合同公证费（自愿）：一般按成交价的3%计收，由公证处收取。

2）按揭合同公证费：按贷款额的0.3%计收，一般为几百元，由公证处收取。

3）保险费：保险费=贷款额×年费率×年限系数，年费率按成交价的0.5‰~1‰计收，贷款时间越长年费率越低，由保险公司收取。

4）律师费：一般为500~1000元，由律师事务所收取。

5）抵押登记及他项权证办理费：视贷款银行而定，一般为100元左右。

9. 购买二手住房一般需要缴纳哪些税费？

购买二手住房需要缴纳的税费一般包括：

(1) 契税

总房价款的1%~3%。契税为合同报价，低于房管部门评估价的以房管部门的评估价为准。

(2) 交易手续费

交易手续费一般为几百元。

(3) 买卖合同印花税

买卖合同印花税为总房价款的0.05%。

(4) 权属登记费

权属登记费一般为100元左右。

(5) 产权证工本费

产权证工本费一般为几元至几十元。

(6) 房产证印花税

房产证印花税一般为每件5元。

(7) 中介佣金

中介佣金为真实成交价的1%~3%。

(8) 买卖合同公证费

买卖合同公证费（国内公民不必）一般按成交价的3%计收，由公证处收取。

(9) 按揭合同公证费

按揭合同公证费按贷款额的3%计收，一般为几百元，由公证处收取。

(10) 保险费

保险费=贷款额×年费率×年限系数，年费率按成交价的0.5‰~1‰计收，贷款时间越长年费率越低，由保险公司收取。

(11) 律师费

律师费一般为500~1000元，由律师事务所收取。

(12) 抵押登记及他项权证办理费

抵押登记及他项权证办理费视贷款银行而定，一般为100~1000元。

(13) 评估费

一般评估价格100万元以下部分收取评估结果的0.5%，100万元以上部分收取评估结果的0.25%。

10. 出售二手住房一般需要缴纳哪些税费？

出售二手住房需要缴纳的税费一般包括：

(1) 增值税及增值税附加税

对购房满2年以上的普通住宅不征收；对购房未满2年的普通住宅征收交易价格的5.5%的增值税及其附加税费。

在二手房交易中对于购房起始时间，卖家有3个时间可以选择，分别是房地产买卖合同签订时间、房地产证的出证时间或契税完税凭证上注明的时间，这3个时间都可以作为购房的起始时间。其中选择房地产买卖合同签订时间对卖家来说可能最划算。

(2) 印花税

印花税为总房价款的0.05%。

(3) 个人所得税

个人所得税为二手房交易中的增值部分，即交易价格和原购房价格加上一定合理费用的总和的差额，税率为20%，或按成交报价的1%征收。个人所得税对购房5年以上且家庭唯一居住用房的房屋实行免征。

(4) 土地出让金

原土地性质属于行政划拨的，需要缴纳土地出让金，一般按成交额的1%计算。

(5) 中介佣金

具体由买卖双方与房地产中介公司约定，一般每一方不超过交易价格的3%。

11. 采取不防范做法来避税会有哪些风险？

在二手房交易中，有些人为了避税可能会采取报低成交价、以租代售、假离婚、假赠与等做法。这些做法是不规范的，交税是每个公民的义务。另外，这些做法表面上双方似乎省了一些税费，实际上存在着很大的风险。

(1) 报低成交价

在二手房交易中，买卖双方为了减少税费，会刻意报低成交价。其实，买卖二手房报低交易价格，并不一定能省多少税费。因为房地产交易中心会有专门的房屋评估价计算方法，如果发现成交价过低，会要求按照评估价来纳税。并且，签订这种合同，买卖双方都承担着一定的风险。

比如一套房屋实际转让成交价格为300万元，而买卖双方私下协商签署协议后递交给房管部门及税务机关的成交过户价只有260万元。这样，剩余40万元差价所产生的营业税、个人所得税及土地增值税等税费就被避掉。表面上看买卖双方避掉了40万元差价所产生的税费，但如果买家没有按期支付甚至拖欠过户价之外的40万元，那么卖方将会陷入尴尬境地。卖方一旦催讨不着向法院起诉，不仅会因交易行为违规而被判定为无效合同，而且会因存在明显的偷逃税行为而受经济处罚。

对买家来说，如果买家将来转让出售，将独自为本应交易双方共同承担的40万元差价付出代价。根据政策规定，房产转让出售时，按售房收入减去购买房屋合同上所签价款的差额计征税费。假设这套房屋的未来出售价为360万元，按其实际价格300万元计算，转手交易时只需交60万元差额的税费。如果按合同上的价格260万元计算，则转手交易时必须缴纳差额100万元的税费。

因此，买卖双方都应按实际成交价来向房管局申报，以确保自己的权益。

(2) 以租代售

有些卖家在转让持有时间未满2年的房屋时，为了省下增值税，商定先由买家租赁其房屋，直至产权证领取满2年后，之前交的租金转为定金，只要买家支付剩余房款，双方就可以办理相关二手房转让手续。这种做法存在的风险是，当双方约定的期限到了，房价可能会有一定的变动。如果价格上涨，面临的可能是卖家毁约；如果价格降低，面临的可能是买家毁约。

(3) 假离婚

政策规定，满5年以上并且是家庭唯一生活用房的，在出售该房产时免征个税。也就是说夫妻俩的第二套住房在转让时就要缴纳个税。夫妻俩为了避税，开出离婚证明后，一方将自己名下的两处房产中的一处以赠与方式转到其配偶名下，这样就可以省下几万元的税费，然后再办理复婚手续。而离婚后再复婚，两道手续的成本却不足百元。

因为是假离婚，双方在办理离婚手续时对财产的分割不会做过多考虑。但离婚后一旦出现一方为了私利而拒绝复婚的情况，另一方将很难维护自己的合法权益。

（4）假赠与

赠与与买卖适用不同的税收规定，假赠与虽然少缴了税，但购房者将来在卖房时就要承受本应由原来的卖房者承担的税款，即受赠人取得赠与人无偿赠与的不动产后，再次转让该项不动产的，在缴纳个人所得税时，以转让收入减除受赠、转让住房过程中缴纳的税金及有关合理费用后的余额为应纳税所得额，按20%的适用税率计算缴纳个人所得税。在计征个人受赠不动产个人所得税时，必须严格按照税法规定据实征收，不得实行核定征收。也就是说，购房者再想卖掉通过赠与取得的房子时，扣除的金额就非常少，要缴纳的税款也就非常多。

第 7 章

购房抵押贷款

7.1 付款方式

1. 采用哪种付款方式购房好？

购房者支付房款的方式有一次性付款、分期付款、申请按揭贷款等，采取哪种付款方式更有利，这主要取决于购房者个人的投资渠道与投资水平。有些购房者可以一次性付清全部房款，但是他们仍然选择申请按揭贷款。因为，这样他们便可以把自己已有资金用作其他投资项目，只要能取得高于贷款利率的投资收益，就是合算的。

购买者在买房时，最好先对自己的资产进行一下衡量，对预期收支进行测算。有些购房者则因不愿承担利息支出，而选择一次性付清房款。可是待房屋交付使用时，又想申请贷款装修新家或另有其他大额支出，这时再进行融资就很不划算，因为个人信用贷款的利率比购房按揭贷款的利率高。

2. 如何评估自己的付款能力？

在申请个人住房贷款时，购房者应该综合评估自己目前的经济实力、还款能力，同时对自己未来的收入及支出做出正确、客观的预测。

1）看自己是否能支付首期款。

2）充分评估自己每月偿还住房贷款本息所能承受的额度，即：每月家庭收入（主要指工资及其他变现强的金融资产）和每月必需支出（指日常生活必需开支和备用资金）的差额，是否大于住房贷款每月所需偿还的贷款本息。一般来说，购房者每月供房的费用，不适宜超过家庭总收入的50%。

3）购房者应该在贷款前向贷款银行请教一下贷款方案，银行的房地产信贷部门有长期从事住房贷款业务的经验与专门调查，可以向其咨询各种贷款类型的内容，进行对照参考。

4）购房者还要注意新政和银行政策对房贷的一些影响，并能及时做出适合自己的最佳应对措施。

3. 购房抵押贷款和现房抵押贷款有什么不同？

购房抵押贷款又称为银行按揭，是指购房者购买房屋时与银行达成抵押贷款的一种经济行为，业主先付一部分楼款，余款由银行代购房者支付，购房者的房屋所有权将抵押在银行，购房者将分期偿还银行的贷款及利息，这种方式称为银行按揭。银行按揭的成数通常有五成到八成不等，期限有5~30年不等。

现房抵押是指抵押人以自有房屋以不转移占有的方式向抵押权人提供债务履行担保的行为。

4. 什么是个人住房公积金贷款？

住房公积金是指国家机关、国有企业、城镇集体企业、外商投资企业、城镇私营企业及其他城镇企业、事业单位、民办非企业单位、社会团体及其在职职工缴存的长期住房储金。住房公积金包括职工个人缴存部分和职工所在单位缴存部分，属于职工个人所有，用于职工购买、建造、翻建、大修自住住房。

个人住房公积金贷款是指以住房公积金为资金来源，向缴存住房公积金的职工发放的定向用于购买自住普通住房的贷款。住房公积金贷款是低息优惠贷款，只有按规定履行缴存住房公积金义务的职工才能享有申请贷款的权利。适用于缴存了住房公积金的职工，申请购买、修建自住用房所需贷款。

5. 什么是个人住房商业性贷款？

个人住房商业性贷款是指通常所说的购房抵押贷款，俗称银行按揭，是指具有完全民事行为能力的自然人，在购买住房时，以其所购产权住房作为抵押，作为偿还贷款的保证而向银行申请的住房商业性贷款。适用于未缴存住房公积金的职工购房贷款。

6. 什么是个人住房组合贷款？

个人住房组合贷款是指个人购买自住普通住房向住房公积金管理中心申请住房公积金贷款不足时，其不足部分申请住房商业性贷款的两种贷款之总称。

住房公积金管理中心发放的贷款会有最高限额，如果购房款超过这个限额，不

足部分要向银行申请住房商业性贷款，组合贷款利率较为适中，贷款金额较大，因而也较多被贷款者选用。

7. 个人住房商业性贷款和住房公积金贷款有什么不同？

个人住房商业性贷款和住房公积金贷款都是针对购房者缺少资金而发放的贷款，但两者又有所不同，具体如下：

（1）贷款对象不同

住房公积金贷款的对象是住房公积金的缴存人和汇缴单位的离退休职工，而住房商业性贷款的对象是具有完全民事行为能力的自然人，即不限于住房公积金的缴存人和汇缴单位离退休职工，其对象的范围大于前者。

（2）贷款额度不同

一般的金融机构发放的住房抵押贷款的最高贷款额不得超过购房贷款的80%（具体以各地的标准为准），而住房公积金管理机构发放的住房抵押贷款的最高额度除了不超过所购买住房评估价值的一定比例之外，同时规定了最大的贷款额度。

（3）贷款利率不同

公积金贷款的利率是按照国家规定在住房公积金利息利率的基础上加规定利差。一般来说，住房公积金管理机构发放的抵押贷款的利率比一般金融机构发放的住房抵押贷款的利率要低一些，是一种比较优惠的贷款形式。

7.2　住房公积金贷款

1. 申请住房公积金贷款需要符合什么条件？

购房者申请住房公积金贷款一般需要满足一定年限的缴存时间、已签订购房合同并按规定支付购房首期房款、具有稳定的收入来源和偿还本息的能力等。以广州市为例，购房者申请住房公积金贷款需要符合以下几个条件：

1）具有中华人民共和国户籍及有效居民身份证。

2）申请贷款时，本市户籍职工连续足额缴存1年（含）以上，非本市户籍职工连续足额缴存2年（含）以上。

3）具备房屋所在地房地产登记部门所确认的购房合同或协议，并能办理抵押或保证担保手续。

4）已按规定支付购房首期房款。

5）具有完全民事行为能力，信用良好，拥有稳定的职业和收入，有偿还贷款本息的能力。

6）缴存的住房公积金优先用于偿还个人住房公积金贷款。

2. 住房公积金贷款的额度、期限有限制吗？

住房公积金管理中心对申请贷款者的最高贷款额度和最长期限有一定的限制，具体以各地公积金管理中心的规定为准，另外，购房者个人的公积金账户余额、月缴存额以及年龄等因素也会影响到可贷款的额度和期限。以广州市为例，购房者申请公积金贷款的额度、期限的标准如下：

（1）贷款额度

1）不高于按照个人住房公积金缴存情况计算的贷款额度。

计算公式为：账户余额×8+月缴存额×到退休年龄月数

2）不高于个人住房公积金贷款最高额度。

一人申请个人住房公积金贷款，最高额度为60万元。

两人或两人以上购买同一套自住住房共同申请个人住房公积金贷款，贷款额度为每个申请人的贷款额度之和，最高额度为100万元。

3）不高于参照差别化住房信贷政策确定的贷款额度。

①家庭名下在本市无住房且无住房贷款（含商业性住房贷款和公积金贷款）记录的，因购买普通商品房申请公积金贷款时执行购房首付款比例最低30%的规定，贷款利率为公积金贷款基准利率。

②家庭名下在本市无住房但有已结清住房贷款记录的，因购买普通商品房申请公积金贷款时购房首付款比例不低于40%，贷款利率为公积金贷款基准利率。

③家庭在本市拥有1套住房且无住房贷款记录的，或拥有1套住房且贷款已还清的，因购买普通商品房申请公积金贷款时购房首付款比例不低于50%，贷款利率为

公积金贷款基准利率的1.1倍。

④家庭有1笔未结清住房贷款记录的，申请公积金贷款时购房首付款比例不低于70%，贷款利率为公积金贷款基准利率的1.1倍。

⑤家庭凡购买非普通住房申请公积金贷款的，购房首付款比例一律不低于70%，若家庭名下在本市无房且无未结清住房贷款记录的，贷款利率为公积金贷款基准利率，家庭在本市已有1套住房或有1笔未结清住房贷款记录的，贷款利率为公积金贷款基准利率的1.1倍。

⑥以上普通商品房是指建筑面积在144m^2以下（含）的商品房，非普通商品房是指建筑面积在144m^2以上的商品房。低密度商品房不予贷款。

⑦继续暂停发放家庭购买第三套及以上住房的公积金贷款。

（2）贷款期限

住房公积金贷款期限应符合下列要求：

1) 一手楼贷款期限不得超过30年。二手楼贷款期限不得超过20年，贷款期限与楼龄之和不得超过40年。

2) 借款人年龄与贷款期限之和不超过退休年龄后5年。退休年龄一般按照男性60岁，女性55岁计算。

3) 两人或两人以上购买同一住房申请住房公积金贷款的，以贷款期限最长的计算。

3. 住房公积金的月缴存额和计缴基数是如何确定的？

职工住房公积金的月缴存额为计缴基数乘以职工住房公积金缴存比例，单位为职工缴存的住房公积金月缴存额为计缴基数乘以单位住房公积金缴存比例。

住房公积金计缴基数是职工本人上一年月平均工资。职工工资总额构成，按国家统计局及本地规定的工资总额口径计算。计缴基数必须每年核定一次，一经核定，不论职工工资是否增减，一个汇缴年度内都不得再做调整。

4. 住房公积金贷款利率是多少？

住房公积金的贷款利率是全国统一的，现行公积金贷款利率是2015年10月24日调整并实施的，五年以上公积金贷款利率为3.25%，月利率为3.25%/12，五年及以下公积金贷款利率为年利率2.75%。

住房公积金贷款利率按照国家有关规定执行，贷款期限在1年以内的，实行合同利率，遇法定利率调整，不分段计息；贷款期限在1年以上的，遇法定利率调整，于下年年初开始，按相应利率档次执行新的利率。

5. 住房公积金可以充当首期款来使用吗？

购房者不能提取住房公积金来充当首期款，购房者须先交纳购房首期款，并办理完住房贷款手续后，凭购房发票、购房合同的原件和复印件（如果购房发票和购房合同抵押在银行，所持复印件须经贷款银行盖确认章），到住房公积金管理中心办理住房公积金支取审批。

7.3 住房商业性贷款

1. 申请住房商业性贷款需要符合什么条件？

购房者申请住房商业性贷款一般需要符合以下条件：
1）具有完全民事行为能力的自然人，即年满18周岁的公民。
2）具有城镇常住户口或有效居留身份证明。
3）有稳定的职业或收入，信用良好，有偿还贷款本息的能力。
4）具有购买住房的合同、意向书或协议。
5）以不低于所购住房全部价款的一定比例作为购房的首期付款。
6）贷款银行规定的其他条件。

2. 申请一手房银行按揭贷款的流程是怎样的？

购房者购买一手房申请银行按揭的一般流程如下：
1）购房者与房地产开发企业签订商品房买卖合同，并办理商品房买卖合同的登记手续。

2）购房者付清首期购房款，向办理按揭业务的律师提交贷款银行要求提供的各种文件，申请按揭贷款。

3）律师对购房者资料进行形式审查并见证。

4）贷款银行对经律师见证、公证处公证的购房者提交的资料进行审查，对合格者予以批准。

5）银行与购房者签订抵押贷款合同，银行与房地产开发企业签订保证合同。

6）抵押贷款合同签订后，购房者在律师的指引下到贷款银行认可的公证处办理相关公证手续。

7）律师为购房者代办该商品房的保险，抵押期间保险单正本由贷款银行收押。

8）贷款银行向购房者发放贷款，通常按贷款合同或保证合同的约定直接汇入房地产开发企业在贷款银行开立的售房款账户或转入借款人在贷款银行开立的存款账户。

9）借款人在贷款银行开设还款账户，按期向该账户还款付息，直至结清全部贷款本息。

10）抵押期间取得的产权证应交贷款银行保管。

11）贷款到期日前，借款人如果提前偿还贷款，应按合同约定向贷款银行提出申请。

12）贷款结清后，借款人从贷款银行领取"贷款结清证明"，取回产权证等抵押登记证明文件及保险单正本，到原抵押登记部门办理抵押登记涂销手续。

3. 申请二手房银行按揭贷款的流程是怎样的？

购房者购买二手房申请银行按揭的一般流程如下：

1）购房者与售房者签订房屋买卖合同。

2）委托经贷款银行认可的依法成立的房地产评估机构对房屋价值进行评估，出具评估报告。

3）根据评估价确定并支付首期购房款。

4）向贷款银行提出按揭申请、提交相关资料。

5）经贷款银行认可的律师对申请人提交的相关资料进行形式审查并见证。

6）贷款银行对经律师见证的购房者提交的资料进行审查，符合条件的予以批准。

7）签订借款合同和抵押担保合同，并办理前述合同的抵押登记、公证、保险等手续，保险单正本交贷款银行保管。

8）购房者与售房者办理房地产过户手续，变更后的产权证由贷款银行保管。

9）贷款银行发放贷款，按贷款合同约定将贷款直接汇入售房者账户。

10）借款人在贷款银行开设还款账户，按期通过该账户向贷款银行还款付息，直至全部结清贷款本息。

11）贷款到期日前，借款人如提前偿还贷款，则应按合同约定提前向贷款银行申请。

12）贷款结清后，借款人从贷款银行领取"贷款结清证明"、取回产权证等抵押登记证明文件及保险单正本，到原抵押登记部门办理抵押登记涂销手续。

4. 住房抵押贷款合同和借款合同主要包括哪些内容？

申请住房抵押贷款应由借款人与贷款人签订抵押合同和借款合同。

抵押合同主要包括：

1）抵押人、抵押权人的名称或个人姓名、住所。

2）主债权的种类、数额。

3）抵押房地产的位置、名称、状况、建筑面积、用地面积以及四至等。

4）抵押房地产的价值。

5）抵押房地产的占用管理人、占用管理方式、占用管理责任以及意外损毁、灭失的责任。

6）抵押期限。

7）抵押权灭失的条件。

8）违约责任。

9）争议解决方式。

10）抵押合同订立的时间与地点。

11）双方约定的其他事项。以预购商品房贷款抵押的，须提交生效的房屋预售合同，抵押权人要求抵押房地产保险的，以及要求在房地产抵押后限制抵押人出

租、转让抵押房地产或者改变抵押房地产用途的，抵押当事人应当在抵押合同中载明。

借款合同主要包括：贷款金额、利率、支付方式、还本付息方式、还款期、贷款用途、违约责任以及双方约定的其他事项。

5. 贷款银行是如何对借款人进行审查的？

贷款银行在受理按揭申请后，通常的审查程序是：

1）由贷款初审人员对经贷款银行认可的律师提交的借款人的住房按揭贷款申请表、身份证明、收入证明、购房合同、自筹资金证明及其他资料进行初步审查。

2）经初审人员初审同意后，由贷款审核人员对上述资料的完整性、真实性、准确性及合法性进行再审。

3）贷款审核人员将再审后确认的相关信息以"风险评估报告"的形式记录在案。主要包括个人信息的确认，银行对申请人偿还能力、偿还意愿的风险审核及对抵押房产的评估情况等。

4）银行在对贷款申请做出最终审批前，贷款经办人员或委托的中介机构办理人员至少应和借款人面谈一次，从而基本了解借款人的基本情况及贷款用途。

6. 贷款银行主要是通过哪些方面来判断借款人的偿债能力？

贷款银行一般会通过以下几个方面来判断借款人的偿债能力：

1）通过对借款人的年龄、学历、工作年限、职业、在职年限等信息判断借款人目前收入的合理性及未来发展前景。

2）通过借款人的收入水平、财务状况、负债情况判断其偿还贷款的能力。

3）通过借款人以往的贷款记录，了解其信用情况。

4）通过对借款人的所在单位、税务部门、工商管理部门调查，审核贷款申请的真实性及借款人的信用情况。

7. 申请个人住房商业性贷款要避免哪些风险？

1）提防有些规模小、操作不规范的中介公司滥收手续费。

2）在与房地产开发企业签订购房意向书或购房合同之前，应先向银行咨询自己获准按揭贷款的资格。

3）应在合同中明确约定，一旦按揭申请未获批准或只取得部分按揭贷款，以致无法继续履行购房合同时，有权解除抵押贷款合同，由房地产开发企业退还已付购房款及定金，或扣除部分手续费后退款。

4）房地产开发企业以口头形式，或在宣传资料、销售广告中承诺代办按揭贷款的，一定要写入购房合同，以便将来出现纠纷，有据可查。

5）选择贷款期限及贷款额度时，应充分考虑家庭目前及今后收支状况，合理规划。

6）按期归还贷款本息。

7）不提供虚假文件或资料。

8）未经贷款银行同意，不将设定抵押权或质押权的财产或权益拆迁、出售、转让、赠与或重复抵押。

9）不与其他法人或经济组织签订有损贷款银行权益的合同或协议。

8. 什么是接力贷？

对于刚参加工作的年轻人想贷款买房，但收入少，而拥有一定积蓄的父母却因为年龄的关系，贷款年限无法达到最长的情况，可以采取以年龄较小的亲友作为共同借款人的方式进行贷款。

假设父亲年龄已经50岁，孩子年龄20岁，双方可以作为共同借款人向银行贷款，贷款最长年限可以根据孩子的年龄计算，以接力贷方式来贷款。年龄40岁以上的购房者以及刚参加工作、收入暂时不高、还款压力较大的年轻人可以考虑此种贷款。

9. 什么是转按揭？

转按揭就是个人住房转按揭贷款，是指借款人在银行办理住房按揭贷款后还清贷款前，向银行要求将用于抵押的所购房产出售或转让给第三人，由第三人向银行申请购房贷款支付给原购房者，而原购房者以此笔款项偿还其按揭贷款，第三人仍以所购房产作为新贷款的担保。

10. 什么是加按揭？

加按揭是指已办理按揭贷款的借款人，因为尚未达到最高贷款金额或最长贷款期限而向银行申请增加贷款金额或延长贷款期限，或者当还款达到一定额度后，将原来按揭购买的房产作为抵押，获得新的贷款，用于购买新的住房及家居消费的一种贷款形式。

11. 什么是房屋按揭保险？

通过按揭方式买房，购房者须在签订借款合同之前办理抵押房屋财产保险。目前主要的按揭保险种类有抵押物财产保险、贷款信用保险、购房贷款综合保险等。

抵押物财产保险是针对所购房产安全的财产险，当抵押房产遭受意外事故（如火灾、爆炸）或自然灾害（暴雨、洪水、地震）毁损时，由保险公司负责赔偿。

贷款信用保险是针对购房者在保险期内因疾病、意外事故造成死亡、残疾而无法偿还购房贷款，或因失业一定时间以上，以致无力继续还贷时，由保险公司代其向贷款银行清偿尚欠贷款本息。赔偿额度会因购房者的受伤程度有所不同，如果购房者死亡，保险公司负责清偿全部贷款本息，如果购房者因伤致残，则保险公司会选择适当比例做出补偿。

购房贷款综合保险是将抵押物财产保险与贷款信用保险合二为一的综合保险形式。该险种在保障抵押房产遭受意外或自然灾害毁损的风险的同时，保障即使购房者遭受人身意外或因失业等丧失供房能力，所见贷款仍可得以清偿。可见这一险种比以往的房屋险多了一重保障。而且保险的费用基本一致。只是有些保险公司对投保该险种有一些限制条件，比如购房者的年龄、贷款的额度等。

7.4 偿还贷款

1. 按揭贷款的还款方式有哪些？

按揭贷款的还款方式由借贷双方商定，并在借款合同中载明，贷款期限在一年以内（含一年）的，实行到期一次还本付息，利随本清，贷款期限在一年以上的，按月归还贷款本息，即分期还款。

借款人可以根据自己的不同情况和需要，选择还款方式。但一笔贷款合同只能选择一种还款方式，合同签订后不得更改。

按政策规定，房贷利率要根据央行的利率浮动实时调整。这是因为住房贷款不同于一般的商业贷款，其贷款期限较长，假如按照合同最初确定的还贷利率一路执行下去，银行将面临极大的风险。遇利率调整及提前还款时，应根据未偿还贷款余额和剩余还款期数对公式进行调整，并计算每期还款额。

目前，最常见的分期还款主要有等额本息还款法（等额法）和等额本金还款法（递减法）两种方式。

借款人可选择委托代扣，按月偿还贷款本金和利息，借款人应在与贷款银行签订《借款合同》的同时，与贷款银行签订《代扣还款委托书》，并指定用于扣款户类型（储蓄存折、储蓄卡或信用卡）的账号，保证每月在扣款日开始前将不低于其月均还款额的款项存在其指定的扣款账户内，就可足不出户自行还款。

2. 什么是等额本息还款法？

等额本息还款法又称等额还款法，是指按月等额归还贷款本息。等额本息还款法的计算公式如下：

每月供款额=[月利率×（1+月利率）供款总期数]÷[（1+月利率）供款总期数−1]×贷款金额。

采用此还款方式，在整个还款期的每个月，还款额将保持不变（遇调整利率除外），在还款初期，利息占每月还款总额的大部分。随着时间的推移，还款额中利息的比重将不断减少，而随着本金的逐渐摊还，还款额中本金比重将不断增加。此种还款方式的优点在于借款人可以准确掌握每月的还款额，有计划地安排家庭的收支，适用于收入稳定的个人或家庭。

3. 什么是等额本金还款法？

等额本金还款法又称为递减还款法，是指按月平均归还借款本金，借款利息逐月结算还清。等额本金还款法的计算方式如下：

每月供款额=贷款金额/供款总期数+（贷款本金−已还本金）×月利率

等额本金还款法的特点是本金在整个还款期内平均分摊，利息则按贷款本金余额逐日计算，每月还款额在逐渐减少，但偿还本金的速度是保持不变的，较适合于还款初期还款能力较强、并希望在还款初期归还较大款项来减少利息支出的借款人。

4. 什么是双周供？

双周供是指每两个星期做一次供款，一般还款是每月供一次，一年月供12次，但由于每个月有一些不是整整四个星期，会多出几天，按双周来供，一年可以供款到26次，加快了还款次数，可以节省利息20%，并可减少供款的年限。适合外籍人士或外企雇员且仍旧采用周薪制的职员。

5. 贷款期内的利息会有变动吗？

根据中国人民银行的规定，贷款期间如遇国家调整利率，贷款期限在一年以内（含一年）的，实行合同利率，不分段计算。

贷款期限在一年以上的，如遇法定利率调整，则应于次年1月1日起，按当日相应的人民银行贷款利率进行调整并以此确定新的月供额。简单来说，就是每年元旦当日的人民银行公布的贷款利率或实施的贷款利率，就是当年的贷款利率。

6. 贷款期限是越长越好吗？

贷款期限的长短主要取决于购房者的经济能力及其投资偏好。一般来说，还款期限越长，则每月还款额越低，负担就相对轻一些；反之，还款期限越短，则每月还款额越高，负担就相对重一些。延长还款期限的目的主要是为了降低每月还款额，但同时利息也会增多。

7. 什么情况不要提前还款？

为了省利息，有些贷款者会选择提前还贷，以缩短贷款期限，但以下四种情况不适合提前还贷：

（1）使用等额本息还款法，且已进入还款阶段中期的贷款者等额本息是指在整个还款期内，每月还款的金额相同。在还款期的初期，月供中利息占据了较大的比例，所还的本金较少，而提前还款是通过减少本金来减少利息支出，因此在还款期的初期进行提前还款，可以有效地减少利息的支出。如果在还款期的中期之后提前还款，那么所偿还的其实更多的是本金，实际能够节省的利息很有限。

（2）使用等额本金还款法，且还款期已经达到四分之一的贷款者

等额本金还款法是指每月偿还的本金相等，然后根据剩余本金计算利息。如果还款期已经达到四分之一，在月供的构成中，本金开始多于利息，如果这个时候进行提前还款，那么所偿还的部分其实更多的是本金，这样就不利于有效地节省利息。如果是进入还款期后期，那么更没有必要用一笔较大数额的资金进行提前还款了。

（3）资金运作能力强，有更好投资理财渠道的贷款者

把流动资金用于提前还款，节省利息，回报率相当于贷款利率。如果贷款者的资金只是在银行存着，近期内都不会使用，回报率就相当于存、贷利差，这种情况下把资金用于提前还款比较合适。而如果贷款者的资金有更好的投资理财渠道，或者资金运作能力比较强，可以获得更高的回报率，只要资金所产生的收益高于提前还款所节省的利息，那么，从发挥流动资金的效用看，这部分贷款者就没有必要把资金用于提前还款。

（4）资金紧缺、经济能力有限的贷款者

如果使用应急资金或者跟别人借钱还贷会增加未来生活的风险，有可能因小失大。

8. 提前偿还部分贷款后，剩余贷款的还款方式有哪些？

办理部分提前还款后，借款人可以选择重新计算月还款额或是按原月还款额还款两种还款方式，两者的区别主要是前一种可减少月还款额，后一种可缩短还贷期数。

重新计算月还款额是指银行将按借款人部分提前还款后的剩余贷款本金、剩余贷款期限、原贷款利率重新计算其月还款额，此时，借款人的贷款到期日并没有变化，但月还款额将有所减少。

按原月还款额还款是指在借款人办理了部分提前还款后,选择仍按原还款额度还款,此时,月还款额不变,但贷款到期日将提前,整个借款期限将缩短。

9. 采用银行按揭方式购房后,无能力偿还贷款怎么办?

购房者如遇到特殊情况,如工作变动、家庭收入突然减少或疾病等原因,可能无法按期归还贷款。

作为贷款银行来说,要维护银行的利益,就得向购房者催还贷款。假如购房者和银行原来约定15年全部归还贷款本息,这并不是说银行要等到15年期满后方能行使抵押权。如果一期、二期不能按时还款,银行并不一定立即行使抵押权,但积累到一定程度,银行就会行使这一权利。

这时,购房者就要根据实际情况权衡利弊。如果购房者已归还大部分贷款,就可以考虑临时接济,归还其余的贷款本息。如果不是临时的困难,就应考虑采用其他办法来解决。比如,征得银行同意,将购买的房屋转让,用转让所得的款项归还贷款,并征得银行同意,由新的购买者与银行订立抵押合同,由新的购买者继续履行还款义务。这比银行通过拍卖或是诉讼来解决,要主动得多,经济损失也更小。

10. 还清全部贷款后,购房者需要办理哪些手续?

已在房地产管理部门办理了抵押登记手续的购房者,在还清全部贷款本息后,抵押贷款合同、保险合同即告终止,各当事人不再受合同的约束。购房者应凭银行开具的结清贷款证明以及从银行取回的产权证、他项权利证到原抵押登记部门办理抵押登记涂销手续,凭结清贷款证明和保险单正本到保险公司办理退保手续。

第 8 章

产权登记

8.1　房地产产权

1. 什么是房地产产权？

房地产产权是指产权人对房屋的所有权（房屋产权）和对该房屋所占用土地的使用权，具体内容是指产权人在法律规定的范围内对其房地产的占有、使用、收益和处分的权利。简单地说，就是拥有使用该房屋，或出租该房屋获取租金收入，或出售该房屋获取增值，或将该房屋抵押给银行及其他组织或个人进行融资或贷款等权利。房屋作为不动产，与土地是不可分割的一个整体，房屋在发生转让等产权变更时，必然是房地一体进行的，不可能将房屋与土地分割开来处分。

2. 什么是房屋所有权？

房屋的所有权是指房屋的占有权、管理权、享用权、排他权、处置权（包括出售、出租、抵押、赠与、继承）的总和。拥有了房屋的所有权就等于拥有了在法律允许范围内的一切权利。

取得房屋所有权的方式一般有以下几种：

1）依法新建的房屋。
2）添附的房屋，如翻建、扩建、加层等。
3）通过买卖、赠与、互换等民事法律行为取得所有权的房屋。
4）继承或受遗赠的房屋。

3. 什么是土地使用权？

土地使用权是指土地使用者在法律允许范围内对依法交由其使用的国有土地或者集体土地的占有、使用以及部分收益、处分的权利。

4. 房屋的占有权、使用权、收益权和处分权分别指什么？

（1）房屋占有权

房屋占有权是指房屋所有人对房屋实际控制的权利。它可以与所有权分离，故非所有权人也可能享有房屋占有权。

(2) 房屋使用权

房屋使用权是指对房屋拥有的享用权。房屋租赁活动成交的是房屋的使用权。房屋的使用权不能出售、抵押、赠与、继承等，它包含在房屋的所有权之中。

(3) 房屋收益权

房屋收益权是指业主收取房屋财产所产生的各种收益。例如出租房屋时，业主从租客那里收取租金。

(4) 房屋处分权

房屋处分权是指房屋所有权人在法律许可范围内对其房屋拥有的处置权利。房屋的处分权是所有权中一项最基本的权能。房屋的处分权由业主行使。有时房屋处分权也会受到一定的限制，如业主作为债务人以住房做抵押向债权人借债，若到期不能清偿债务，债权人可以处分房屋并优先受偿。处分有事实处分和法律处分两种情况。

5. 什么是房屋他项权利？

房屋他项权利是指由房屋的所有权衍生出来的典权、租赁权、抵押权、继承权等权利。

6. 典权、租赁权、抵押权分别指什么？

(1) 典权

典权是指房屋所有权拥有者有将其房屋典当给他人以获得利益的权利。房屋典当，是指承典人用价款从房屋所有人手中取得使用房屋的权利的行为。

承典人与出典人（房屋所有人）要订典契（即房地产典当契约，是指由出典人与承典人共同签订的契约，载明双方的权利和义务），约定回赎期限（即存续期），一般期限是3~10年。到期由出典人还清典价，赎回房屋。典价无利息，房屋无租金。

典契中一般规定，到期不赎的，由承典人改典为买，也可经双方协商，续期再典。承典人除占有房屋供自己使用外，在典权存续期内，还可以将房屋转典，或出租给他人，并且可以典权作为抵押权的标的物。

(2) 租赁权

租赁权是指房屋所有权人有将其房屋租赁给他人的权利。房屋租赁是指房屋的所有人作为出租人将其房屋出租给承租人使用，由承租人支付租金的行为。承租人取得房屋使用权后，未经出租人同意不得随便处置所承租的房屋，除非租赁合同另有规定，否则就是违法行为。

(3) 抵押权

抵押权是指房屋所有权人有将其房屋抵押给他人的权利。房屋抵押是指抵押人以其合法的房屋以不转移占有的方式提供债务履行担保的行为。债务人不履行债务时，抵押权人有权依法以抵押的房屋拍卖所得的价款优先受偿。

7. 什么是房屋的全部产权和部分产权？

(1) 房屋的全部产权

房屋的全部产权是指按市场价和成本价购买的房屋，购房者拥有全部产权。经济适用房也属于全部产权。

(2) 房屋的部分产权

房屋的部分产权是指职工按标准价购买的公有住宅。在国家规定的住房面积之内，职工按标准价购房后只拥有部分产权，可以继承和出售，但出售时原产权单位有优先购买权，售房的收入在扣除有关税费后，按个人和单位所占的产权比例进行分配。

部分产权与全部产权的不同之处在于，部分产权虽然具有永久使用权和继承权，但在出售时要与原售房单位分割收益。目前，已经取消标准价售房方式，原按标准价向职工售卖的公房，提倡职工补足成本价价款，转为全部产权。

8. 什么是确权？

确权是依照法律、政策的规定，经过房地产申报、权属调查、地籍勘丈、审核批准、登记注册、发放证书等登记规定程序，确认某一房地产的所有权、使用权的隶属关系和他项权利。

根据房地产相关法律法规的规定，下列违法私房不予确认产权：

1) 占用道路、广场、绿地、高压供电走廊和压占地下管线或者其他严重影响城市规划又不能采取改正措施的。

2）占用农业保护区用地的。

3）占用一级水源保护区用地的。

4）非法占用国家所有的土地或者原农村用地红线外其他土地的。

9. 地下室、停车场以及车位可以出售吗？

地下室、地下停车场如果属于分摊的公共面积，其产权应属建筑物内参与分摊该公共面积的所有业主共同拥有，由房屋物业管理部门统一管理，不允许销售、抵押。

在建筑报建和预售审批时已批准可以单独销售的地下室、停车场及车位可以销售、抵押。

10. 婚前单方按揭购房，婚后夫妻共同还款，房屋的所有权属于谁？

婚前购买并办理按揭的商品房，从所有权归属上应认定为婚前财产，但其婚后按揭款共同缴纳部分，应视为共同财产。

8.2 不动产登记

1. 什么是不动产登记？

不动产登记是指不动产登记机构依法将不动产权利归属和其他法定事项记载于不动产登记簿的行为。其中，不动产是指土地、海域以及房屋、林木等定着物。房屋登记属于不动产登记。

不动产登记包括不动产首次登记、变更登记、转移登记、注销登记、更正登记、异议登记、预告登记、查封登记等。

2. 什么情况需要办理变更登记？

根据《不动产登记暂行条例实施细则》，当出现以下情况时，房屋权利人需要

向不动产登记机构申请变更登记：

1）权利人的姓名、名称、身份证明类型或者身份证明号码发生变更的。

2）房屋的坐落、界址、用途、面积等状况变更的。

3）房屋权利期限、来源等状况发生变化的。

4）同一权利人分割或者合并房屋的。

5）抵押担保的范围、主债权数额、债务履行期限、抵押权顺位发生变化的。

6）最高额抵押担保的债权范围、最高债权额、债权确定期间等发生变化的。

7）地役权的利用目的、方法等发生变化的。

8）共有性质发生变更的。

9）法律、行政法规规定的其他情形。

3. 什么情况需要办理转移登记？

根据《不动产登记暂行条例实施细则》，当出现以下情况时，房屋权利人需要向不动产登记机构申请转移登记：

1）买卖、互换、赠与房屋的。

2）以房屋作价出资（入股）的。

3）法人或者其他组织因合并、分立等原因致使房屋权利发生转移的。

4）房屋分割、合并导致权利发生转移的。

5）继承、受遗赠导致权利发生转移的。

6）共有人增加或者减少以及共有房屋份额变化的。

7）因人民法院、仲裁委员会的生效法律文书导致房屋权利发生转移的。

8）因主债权转移引起房屋抵押权转移的。

9）因需役地房屋权利转移引起地役权转移的。

10）法律、行政法规规定的其他情形。

4. 什么情况需要办理注销登记？

根据《不动产登记暂行条例实施细则》，当出现以下情况时，房屋权利人需要向不动产登记机构申请注销登记：

1）房屋灭失的。

2）权利人放弃房屋权利的。

3）房屋被依法没收、征收或者收回的。

4）人民法院、仲裁委员会的生效法律文书导致不动产权利消灭的。

5）法律、行政法规规定的其他情形。

5. 什么是抵押备案登记？

抵押备案登记是指根据我国《民法通则》和《合同法》的有关规定，业主向银行贷款购房，必须提供一定的财产作为担保债务履行的抵押物，业主不履行还贷义务的，银行依照法律的规定有权以抵押物折价抵偿或者以变卖抵押物的价款优先得到偿还。

业主称为抵押人，银行称为抵押权人，预购的商品房作为抵押物。要证明银行与业主之间的债权债务关系及抵押关系就必须到房屋管理部门办理抵押备案登记的手续，并领取他项权利证。该他项权利证是登记业主与银行抵押关系的证明，在按揭期间该证由银行保管。业主在此期间不享有该抵押物的处分权。

6. 什么情况需要办理抵押权注销登记？

根据《不动产登记暂行条例实施细则》，当出现以下情况时，房屋权利人需要向不动产登记机构申请抵押权注销登记：

1）主债权消灭。

2）抵押权已经实现。

3）抵押权人放弃抵押权。

4）法律、行政法规规定的其他情形。

7. 什么情况需要办理预告登记？

根据《不动产登记暂行条例实施细则》，当出现以下情况时，房屋权利人需要向不动产登记机构申请预告登记：

1）商品房预售的。

2）不动产买卖、抵押的。

3）以预购商品房设定抵押权的。

4）法律、行政法规规定的其他情形。

8. 为什么要办理预告登记？

办理商品房预售、预购登记手续，可以通过房地产管理部门对房屋买卖交易的合法性和唯一性进行确认，有效保证买卖双方的合法权益。

对买方来说，预购的商品房是一种期得利益，通过办理预售、预购登记手续，可以减少因不了解政策或其他情况而造成的投资风险；对卖方来说也可以减少因不必要的纠纷造成的损失。

预售人和预购人订立商品房买卖合同后，预售人未按照约定与预购人申请预告登记，预购人可以单方申请预告登记。

9. 什么是分割房地产？

分割房地产是指将总的房地产面积根据需要分割成若干份，在房地产登记上表现为房地产证的分证，即将一本房地产证分为几本房地产证，但总面积不发生变化。

分割的房地产必须是能在实地分割清楚的，如按层登记的房地产分割为按套登记等。由分割人填写房地产其他登记申请书，分割后的房地产需要进行查丈的，还要申请查丈。该项登记仅需缴纳登记费。

10. 什么是房地产交换？

房地产交换是指当事人将各自拥有的房地产相互转移给对方的法律行为。

产权置换是指居民之间以自身原有产权房进行置换的一种业务，一般是在中介的撮合下进行的，并可由中介代办置换手续。

当事人双方签订换房协议公证书（福利房需征得原产权单位和房改审批部门的同意），并提交房地产转移登记申请书、身份证明、原产权证书；商品房交换有差价的，差价部分应按三级市场转让缴纳税费。

8.3 不动产权证

1. 什么是不动产权证？

不动产权证是房屋所有人依法拥有房屋并对房屋行使占用、使用、处分、收益权利的唯一合法凭证。工程竣工验收合格后，即可办理新建房屋确权登记手续。

新颁发的不动产权证的外页除了写有"中华人民共和国不动产权证"外，在其右上角还写有不动产登记抵押权、异地登记、查封登记等登记类型；内页内容规定了权利人、证件种类、证件号、共有情况、权利人类型、登记原因、使用期限、取得价格（以万元/m^2为单位）。

2. 购买一手房，什么时候可以申请办理不动产权证？

根据规定，只有商品房项目办理了房地产初始登记后，购房者才能领取不动产权证。只有房地产开发企业按要求将商品房项目有关初始登记材料上报登记部门，按规定缴纳有关税费并经登记部门按程序审批核准后，初始登记才算结束，购房者才能办证。因此，并不是房地产开发企业一提交商品房项目的资料，购房者就可以申请办理不动产权证。

3. 购买二手房，怎么领取不动产权证？

购买二手房后，购房者本人持受理回执和身份证原件，前往房屋管理部门领取不动产权证，并核对清楚新证上的内容（如产权人名、身份证号码、地址等），避免出错。

4. 购买顶楼的屋顶花园，为什么在不动产权证上没有体现？

现行的法律法规规定，屋顶空间是一个公共空间，是不能销售的，它不符合不动产登记条例的规定，所以在办理产权登记时没有体现出来。购房者只能从所签订的购房合同中体现其对屋顶的使用权利，但其产权并未得到现行法律、法规的保障。

5. 遗失了不动产权证,怎么办?

不动产权证毁灭或遗失的,权利人应声明遗失,并向房地产所在地的房屋管理部门报失,申请补发。登记机关收到申请后,刊登公告,六个月后予以补发。补办时申请人应提交补领新证申请书和登载遗失声明的报纸一份,经房管机关审查确认后,补发新证,并按规定征收重新登记费用。

第 9 章
验房与收房

9.1 验房

1. 什么是《住宅质量保证书》？

《住宅质量保证书》是房地产开发企业对销售的商品住宅承担质量责任的法律文件，可以作为商品房购销合同的补充约定。房地产开发企业应当按《住宅质量保证书》的约定，承担保修责任。

《住宅质量保证书》对住宅的结构、性能和各部位（部件）的类型、性能、标准做出说明，并提出使用注意事项，一般包含以下内容：

1) 开发单位、设计单位、施工单位，委托监理的应注明监理单位。
2) 结构类型。
3) 装修、装饰注意事项。
4) 上水、下水、电、燃气、热力、通信、消防等设施配置的说明。
5) 有关设备、设施安装预留位置的说明和安装注意事项。
6) 门、窗类型及其使用注意事项。
7) 配电负荷。
8) 承重墙、保温墙、防水层、阳台等部位注意事项的说明。
9) 其他需说明的问题。

住宅保修期从房地产开发企业将竣工验收的住宅交付用户使用之日起计算，保修期限不应低于建设部规定的期限。房地产开发企业可以延长保修期。国家对住宅工程质量保修期另有规定的，保修期限按照国家规定执行。住宅中配置的设备、设施、生产厂家另有使用说明书的，应附于《住宅质量保证书》中。

2. 什么是《住宅使用说明书》？

《住宅使用说明书》是房地产开发企业对用户合理使用住宅的提示。因用户使用不当、擅自改动结构、设备位置和不当装修等造成的质量问题，开发企业不承担保修责任；因用户使用不当或擅自改动结构，造成房屋质量受损或其他用户损失，由责任人承担相应责任。

房地产开发企业向用户交付商品住宅时,应当有交付验收手续,并由用户对住宅设备、设施的正常运行签字认可。用户验收后自行添置、改动的设施、设备,由用户自行承担维修责任。购房者只有确信所购的商品房符合法律和合同规定的交付条件时,方可同房产商签署房屋交接单,办理收房手续。

3. 满足什么条件的房屋质量是合格的?

按照有关规定,房屋交付使用前,必须经区级房屋质检站验收合格,才能允许用户居住。在查验此合格证件后,用户自己也要对房屋进行质量检查,发现问题要及时解决。

1)凡竣工的工程,一般须做到"五通一平",即煤气、上水、电热、污水、路通,一平即楼前6m、楼后3m²场地要平整,不准堆积建材或杂物,以确保进出安全。

2)要做到煤气表、电表(单元表)、水表三表到户。

3)室内清扫干净,水池、水盆、粪桶、垃圾道、门窗、玻璃、管道清理干净,无污物,达到窗明地净,地漏、雨水等处无堵塞杂物。

4)高层住宅楼生活供水系统,必须具有卫生防疫部门核发的用水合格证。

5)高层住宅楼电梯,必须具有劳动部门核发的安全运行合格证。

6)高层住宅楼消防供水系统,必须经消防部门检验合格。

7)房屋应按图纸、文件要求达到设备齐全、功能可靠、手续完备。

4. 如何检验小区环境是否合格?

房地产开发企业如期交房,购房者首先要看小区及楼内的环境和相应的配套是否到位。期房项目一般在交房时有两种情况,一是同期建设、同期交房,车库、会所、绿化、景观园林全部可见,购房者只需按房地产开发企业在售楼时的承诺查验。但大多数规模较大的项目只能分期交房,很多配套环境,特别是软环境,如较易出现纠纷的绿地、水景都还看不到,这就要看购房合同中有没有具体约定。

在分期入住的小区,购房者应关注入住部分小区道路是否铺好,在建区与入住区之间是否有围挡用来保障入住业主的安全和相对宁静,在建工程夜间何时停止施工,入住部分的绿化情况,路灯、停车位是否有保证,车库尚未投入使用之前地上

临时停车位是否收费等相关问题。

购房者要了解公共部位的装修是否符合房地产开发企业的承诺，包括：

1）大堂、楼道、墙、地、顶的装修。

2）业主的邮箱是否配备。

3）电梯的品牌、大小是否符合承诺。

4）水、电、气是否已开通。

5）承诺内的周界红外线报警系统、电子巡更系统、区域监控系统是否配备，何时投入使用等。

5. 如何检验户内情况是否合格？

购房者检验房屋是否合格应主要对房屋的具体位置、面积、结构、墙体、地面、屋面等方面进行观察。

（1）房屋具体位置

为了避免因签订合同时与房地产开发企业未约定所购房的具体位置而导致交房时购房者发现号码没错，但位置改变或被换成朝向差的房屋，购房者在签订购房合同时必须在合同中与房地产开发企业约定一张所购住宅（或门面）位置图，并标清房间的实际朝向情况。此外，还需要查看派出所批准的门牌号。

（2）面积

由于购房者对商品房销售面积的计算方法不甚了解，多数购房者只注重对房屋结构、装修质量的验收，而忽视对房屋面积的核实。实际上，房屋面积的大小不仅影响到最终产权，而且涉及房价，会对购房者的经济利益产生直接影响。所以，核查所购房屋的销售面积也是房屋验收工作中的一个重要环节，购房者应该重视对购房面积的计算。当实际面积与暂定面积出现的误差超过某个百分比，购房者可以要求解除合同。

（3）结构

引起结构裂缝的原因很多，有的是因为钢筋、水泥等建材不合格、比例失调造成的，有的是因为施工不符合规范造成的。结构是建筑的骨架，裂缝会导致建筑物强度下降、寿命缩短。购房者应重点查看以下方面：

1）看房屋地面和顶上有无裂缝，没有裂缝最好，如有裂缝，要看是什么样的裂缝。一般来说，与房间横梁平行的裂缝，虽属质量问题，但基本不存在危险，修补后不会妨碍使用。若裂缝与墙角呈45°斜角或与横梁垂直，说明该房屋沉降严重，存在结构性质量问题。

2）看房屋的外墙墙体是否有裂缝，若有裂缝也属严重的质量问题。

3）看承重墙是否有裂缝，若裂缝贯穿整个墙面且穿到背后，表示该房存在安全隐患。

（4）墙体

1）外墙

①外墙不得渗水，特别是下雨天要注意观察，看有无明显的水印和霉点。

②外墙不得有较大面积的空鼓、开裂。

2）承重墙

问清楚哪些是承重墙，以避免在装修时破坏结构。

3）墙体涂料

目前大部分住宅墙体都饰以彩色涂料，非常美观，但对室内墙体而言，对涂料不仅要求美观，更要安全，因为有些涂料会挥发一些有害气体，造成某些敏感人群出现头痛、胸闷等过敏反应，不利于身体健康。

（5）地面

1）查看面层与基层是否粘结牢固，不空鼓，整体平面平整，无裂缝、脱皮和起砂等缺陷。块料面层（如柚木地板）是否表面平整、接缝均匀顺直，无缺棱掉角。

2）查看卫生间、阳台、盥洗间地面与相邻地面的相对标高是否符合设计要求，有无积水、倒泛水和渗漏现象。

3）查看地面是否平整牢固、接缝密合。

（6）屋面

1）查看各类屋面是否排水畅通，无积水、不渗漏。

2）查看平屋面有无隔热保温措施，三层以上房屋在公用部位有无设置屋面检修孔。

3）查看阳台和三层以上房屋的屋面有无组织排水，出水口、檐沟、落水管是否安装牢固、接口平密、不渗漏。

(7) 设备设施

1) 检查厨房、卫生间的上、下水管道，看看排水管道排水是否顺畅，上水管是否存在渗漏现象。购房者可以把洗菜池、面盆、浴缸放满水，然后排出去，检查一下排水速度，检查马桶的下水时，则要反复多次地进行排水试验，看看排水效果。

2) 检查配电线路。打开所有的灯具开关，看看灯具是否都亮。如果条件允许还应该用万用表检查插座是否有电；用电话机检查电话线路是否有信号；用天线检查工具检查电视天线的信号。

3) 分清一般性用电与大家电用电的线路和插座，包括电视、宽带网络插座，特别要注意厨、卫、洗衣间、露台上的电源插座，应该是带盖防水插座。如果是毛坯房，要查看已安装的插座面板，看是否为墙面装修做了预留。

6. 购房者可以采取什么方式解决房产纠纷？

根据我国司法的有关规定，在购买房屋的过程中，购房者与房地产开发企业发生纠纷，一般可以采用以下几种解决方式：

(1) 协商

协商是指当事人行使自己的合法处分权，在法律规定许可的前提下，互谅互让，协商解决纠纷。购房者和房地产开发企业对双方所发生的纠纷进行协商，提出一个双方都满意的解决方案，并就此达成一个纠纷解决协议。由双方协商解决纠纷，对购房者和房地产开发企业来讲都是最好的解决纠纷的方式。因为这种方式既省时、省力又省钱。

(2) 调解

调解是指在非仲裁机关和诉讼外的第三人主持下，房屋买卖纠纷的当事人达成协议解决纠纷。

(3) 仲裁

仲裁是指买卖双方当事人依据他们事先或事后达成的协议，自愿将其争议提交给双方同意的仲裁机关，由该仲裁机关依据有关法律和事实裁定。

(4) 诉讼

诉讼是争议或纠纷的当事人将争议或纠纷交由有权管辖的人民法院审理，

由法院做出具有约束力的判决的一种审判制度。根据《中华人民共和国民事诉讼法》的规定，不动产纠纷案件，由不动产所在地的人民法院管辖，所以当事人因房产纠纷需要向人民法院起诉的，应当向该房产所在地的人民法院起诉。另外，关于诉讼的期限规定，人民法院适用普通程序审理的一审案件，应当在立案之日起六个月内审结；适用简易程序审理的案件，应当在立案之日起三个月内审结。当事人对一审判决不服，有权在判决书送达之日起十五日内向上一级人民法院提起上诉。

（5）投诉

向行政机关投诉后，行政主管机关根据主管范围受理，依据有关法律和行政法规、规章做出行政决定。如当事人对行政决定不服，可提起复议或提起行政诉讼，除终局复议以外，须在收到复议决定书之日起十五日内向人民法院提起行政诉讼。但行政决定一旦做出即可立即执行，提起复议或诉讼并不停止执行。

如果纠纷不属行政机关主管，当事人可申请仲裁或提起民事诉讼。申请仲裁必须有约定仲裁协议，如无约定，不可申请仲裁，只能提起民事诉讼。仲裁实行一裁终局制。裁决做出后，当事人不可就同一纠纷再次申请仲裁或向人民法院起诉。

9.2　收房

1. 购房者收房的一般流程是怎样的？

购房者一般按以下流程收房：

（1）收到入住通知书

购房者接到入住通知书后，对准许入住的房屋进行合同对照、现场勘察。如果房地产开发企业在没有取得当地规定交楼所需办理的证件的情况下就给购房者发来入住通知书，属于非法交房，而购房者此时如果没有提出异议，那么也就等于认可这种违规行为。没有取得交付许可证件的房子，配套设施不会齐全，这样的房子必定会给日常生活带来诸多不便。

(2) 签订物业交付核验单

在检验结果与合同的约定无差别后，购房者就可以与房地产开发企业签订物业交付核验单或交屋单。对于核验单中无法确定的事项，应写上"暂不清楚"或"无法认定"等。若发现问题，应如实记录下来，并要求房地产开发企业在一定的期限内处理等，最后由双方签字、盖章。

(3) 接收钥匙

在签订了核验单后，对房屋的修复结果或现状无异议，就可接收钥匙。接收钥匙后，物业交付就完成了，该房屋的收益和风险就转移到购房者身上了。在接收物业后的一般质量问题只能按照政府的有关规定由房地产开发企业保修，房地产开发企业不承担任何违约责任。因此，购房者接收物业时，一定要谨慎，以免因轻率签署核验单或交屋单而使自己在以后的房屋纠纷中，无法充分争取自己应得的权益。

(4) 委托物业管理

一般在接收钥匙的几日之内必须到物业管理公司办理委托物业管理事宜。这主要是由各物业之间不可分割性和物业使用中的共同管理的必要性所决定的。必须办的物业管理手续有以下几项：

1) 签署《管理公约》。管理公约的内容由房地产开发企业依据国家的法律、法规与政策要求而制定，并经市房屋土地管理部门批准。购房者对于管理公约的内容一般应接受，如果认为有的条款严重不公，可以保留意见。因为该公约属临时性质，在以后的业主大会可以进行修改。

2) 交付物业管理费用等。

3) 签署各项管理守则，如装修管理、卫生管理、停车管理、治安管理等。

2. 二手房收房时要注意哪些问题？

相比于一手房，购买二手房在收房时可能跟原业主在水、电、燃气等的费用、户口的迁移等问题上发生矛盾，为了避免出现这些问题，购房者在收房时要特别注意以下几个问题：

(1) 结清各种费用

购房者在收房时，必须确认原业主已结清水、电、燃气、电话、网络、物业管理等费用，以免自己承担不必要的费用。

1）按自来水公司的规定，凡发生逾期未缴的按日加收滞纳金，如经30日催缴后仍未缴清水费和滞纳金的住户，则停止供水。因此在交房之前，购房者要询问原业主是否已付清水费，同时应保留交房日上个月份原业主已缴讫的水费账单收据。

2）按电力公司规定，私自装拆总熔丝箱和电表、私自开启封印、擅自变更计量装置等行为均属违章行为，违者按违章用电处理。因此，在房屋交接验收时，购房者必须亲自查验电表有否移动、改装，线路走向是否正常等，同时保留交房日上个月份原业主已缴讫的电费账单收据。

3）结清电话费和上网费。有的家庭已经安装了多门电话线路，购房者要仔细问清楚，并且在合同补充条款中约定是一根还是两根线路，是普通电话线还是ISDN电话线，转让价是否包含电话线。购房者可以让原业主将电话移走，然后另外申请安装电话。如确因电话线路或号源紧张而保留原业主电话的话，那么在交房前双方应一起到电信部门办一张截止到交房日的结算账单，一并结清后，再办理过户手续。

（2）明确附送物品清单

有些购房者喜欢购买一些带装修及送家具的物业，附赠的家电、家具要根据合同约定进行验收，建议在合同中明确所赠家具、家电的数量和品牌，或者采用图像资料作为合同附件。

（3）检查室内各项设施质量

购房者在收房时须注意查看房屋质量，如门、窗、天花、墙壁、地面的质量，是否有渗漏等（特别是对于楼龄长的房屋）；检查水、电是否正常，用水通道是否畅通等；检查室内各项设备是否工作正常，如有任何问题，让原业主配合维修。

（4）检查收房证明是否齐全

对于一些多年未入住的新楼，购房者收房时要检查验收楼盘交付使用的证件是否齐备，同时对于一些所谓收房费用，如维修基金等，必须清楚知道原业主是否曾缴交过，以免造成自己的损失。

（5）要求原业主迁出户口

对于学区房，有部分业主把房屋出售，但户口仍挂在已出售的房屋名下，如果想将户口迁入，在收房时应及时要求原业主按时把户口迁出，否则购房者无法请派出所接收户口。

9.3 退房

1. 什么情况可以要求退房?

购房者在购买房屋后,如果出现房地产开发企业逾期交房、房屋质量不符合合同约定的标准、没有产权证、套型或面积误差超过一定比例等情况,购房者可以要求退房。

(1) 逾期交房

房地产开发企业逾期交房超过一定期限,购房者有权要求解除合同、予以退房,并要求返还房屋价款及利息,双倍返还定金,赔偿损失。当然购房者也可以不解除合同,只追究房地产开发企业的违约责任,对此购房者有选择权。如果房地产开发企业逾期交房没有超过合同规定的期限,购房者则不能退房,只能请求房地产开发企业承担违约责任。

(2) 房屋质量不符合合同约定标准

房屋质量不符合合同约定的标准,主要表现是室内装修不符合约定的材质、规格、布局、结构等,若经修复能够符合约定,购房者不能退房;如不能修复,或经修复仍不能符合规定,则购房者有权解除合同,予以退房,并要求返还房屋价款及利息,双倍返还定金,并要求房地产开发企业赔偿其他损失。

有的合同中没有约定房屋质量的具体标准,是否符合居住、使用条件就成为认定原则。若该房屋不符合居住、使用的条件,房地产开发企业即构成根本违约,购房者有权退房,并追究房地产开发企业的违约责任。

(3) 没有产权证

由于房地产开发企业的原因,购房者不能依约取得产权证书,购房者可以退房。

(4) 购房合同无效

根据《合同法》的规定,合同无效的直接结果是因合同取得的财产应予返还,具体到购房合同上就是购房者退还房屋,而房地产开发企业退还房款。造成购房合同无效的常见情形有以下两种:

1）房地产开发企业无权处分该房产。主要有房地产开发企业未取得预售许可证，房屋为共有财产而未经其他共有权人书面同意，房屋权属有争议，司法机关、行政机关依法裁定决定查封或以其他形式限制房屋权利等情形。

2）房地产开发企业存在欺诈情形。虽然时有购房者以此项理由请求退房，但实际中法院支持的并不多，主要是购房者对房地产开发企业存在欺诈故意与欺诈事实举证困难所致。要防止此种情形的出现，购房者应尽量要求房地产开发企业将其每一项承诺落实为文字并予以签字认可。

（5）套型或面积误差超过一定比例

根据《商品房销售管理办法》第十九条的规定，按套（单元）计价的预售房屋，套型与设计图纸不一致时，或者相关尺寸超出约定的误差范围，合同中对此未约定处理方式的，购房者可以退房。

合同约定面积与产权登记面积发生误差达到一定比例，若合同中未约定具体的比例，按照有关规定，误差比绝对值超出3%~5%时，购房者有权退房。

（6）变更规划、设计

已预售的商品房，房地产开发企业应在变更规划、设计导致商品房的结构形式、户型、空间尺寸、朝向变化，以及出现合同约定的其他影响商品房质量或者使用功能情形之日起10天内书面通知购房者，购房者在接到通知后15天内选择是否退房。若房地产开发企业未在规定时限内通知的，购房者有权要求退房。

（7）在建工程转让

房屋预售后，房地产开发企业转让在建的房屋建设工程，应当将房屋建设工程转让的情况书面通知购房者。购房者有权在接到书面通知之日起30日内要求解除商品房预售合同。购房者未按照规定要求解除商品房预售合同的，应当由房屋建设工程受让人继续履行商品房预售合同。

2. 按照什么流程退房可以避免风险？

如果购房者提出的退房要求被房地产开发企业接受，那么购房者需要解除与房地产开发企业的买卖合同以及与银行的借款合同。

对于已经入住的购房者，需要将已经占有的住宅交还给房地产开发企业；对于还没有入住的购房者来说，则需要放弃占有即将入住的住宅。房地产开发企业则不

能再根据合同要求购房者支付房款，对于已经收取的部分要退还给购房者。

借款合同的解除，表明购房者将一次性归还从银行的借款，然后不再支付任何本金和利息，无须承担任何还款的义务。这个合同的解除与买卖合同不一样，它需要在房地产开发企业的协助下才能完成。因为购房者虽然从银行取得了借款，但并不直接占有这部分借款，银行借款通过转账的形式由房地产开发企业取得。如果要归还借款，必须由房地产开发企业向银行归还已经占有的借款。银行只有收到房地产开发企业还来的借款后，才能认为购房者已经履行了全部还款义务，双方的借款合同才能真正解除。

为了避免退房的风险，购房者一般可以参考以下的流程退房：

1）购房者首先与房地产开发企业签订一个补充协议，这是一个附条件的关于解除买卖合同的补充协议。

2）购房者再与银行签订一个补充协议，这也是一个附条件的关于解除借款合同的补充协议。

3）房地产开发企业归还银行借款，购房者与银行的借款合同解除。

4）房地产开发企业归还购房者的首付款，并协助购房者办理退房的各种相关手续。

第 10 章
家庭装修

10.1 装修设计

1. 家庭装修的流程是怎样的？

业主聘请装修公司进行家庭装修的一般流程如下：

（1）初步洽谈设计

业主向设计师咨询家装设计风格、费用、周期等。请装修公司装修，要把自己的要求告诉公司。装修公司会仔细聆听用户的意见，并做记录。如果事后装修公司发觉有不清楚的地方，会与业主联络直到完全明了为止。

装修公司收到业主的平面图之后，会由设计师亲自到现场度量及观察现场环境，研究业主的要求是否可行，并且获取现场设计灵感，初步选出一些材料样品介绍给业主。如果业主表示同意，设计师会进一步提供详细的工程图和逐项分列的报价单。这时，业主要向装修公司提供准备采用的家具、设备资料，以便配合设计。

业主收到工程图和报价单后，查看所要求的装修项目装修公司是否已全部提供，有没有漏掉项目。

（2）现场量房

由设计师到业主拟装修的房屋进行现场勘测，并进行综合考察，主要测量室内的长、宽，计算出每个用途不同的房间的面积、高度，并标明门、窗、暖气罩的位置（窗户要标量数量）。

在测量后，设计师要按照比例绘制出室内各房间平面图，平面图中标明房间长、宽并详细注明门、窗、暖气罩的位置，同时标明新增设的家具的摆放位置。

（3）预算评估

根据业主选择的设计风格，设计师进行家装设计，并由客户反馈，最终确定设计方案、图纸及相关预算。

装修公司采用的比较普遍的做法是包工包料，是指业主将购买装饰材料的工作委托给装修公司，由装修公司统一报出材料费和工费。这种做法可以省去业主很多麻烦。正规的装修公司会将施工采用的各种材料的质地、规格、等级、价格、收费、工艺都列举清楚。另外，装修公司常与材料供应商打交道，都有自己固定的供货渠道、相应的检验手段，因此很少买到假冒伪劣的材料。而且，装修公司对于常用材料都会大批购买，能以很低的价格购得。

（4）签订合同

在双方对设计方案及预算确认的前提下，签订由工商行政管理局监制统一印刷的《家庭居室装饰装修工程施工合同》，明确双方的权利与义务。

在家庭装修时，变更项目即通常所说的增减项目，只是在原有的合同基础上，就增减的工程项目进行详细说明，合同双方共同协商每一个增减项目，并且详细说明每一个增减项目的做法、收费标准，直到双方确认共同签字认可方可生效。双方在增减项目时，不要以口头达成的协议为准，一定要及时签订书面变更合同。

（5）现场交底

由业主、设计师、工程监理、施工负责人四方参与，在现场由设计师向施工负责人详细讲解预算项目、图纸、特殊工艺，协调办理相关手续。

（6）材料验收

家装材料进场后，经业主进行验收后，方可进行施工。

（7）验收

装修完成，由业主、设计师、工程监理、施工负责人参与，验收合格后在质量报告书上签字确认。验收除了鉴定装修整体效果外，主要还是看手工质量是否令人满意。

（8）工程完工

家装工程全部完工，对施工现场清洁、整理。

（9）家装保修

按合同约定，由装修公司负责一定期限的装修工程的维修工作。

业主在使用过程中如发现质量问题，先同装修公司取得联系，把发生的质量问题向装修公司说明，凡是由装修公司所做的装修，在保修期内都可以进行保修。

2. 如何判断装修公司是否有实力？

在选择装修公司时，业主可以通过以下一些细节，考察装修公司的实力。

（1）营业执照

一个正规的从事家庭装修的公司，必须有营业执照。营业执照的"主营"和

"附营"项目中，必须包含"装饰工程""家庭装修"这类经营项目。另外，执照上的"年检章"可证明该企业本年度通过了工商局的年检，属合法经营。

(2) 名称

根据注册资金的不同，从事家庭装修的装修公司的名称也不同。实力最强的是"装饰工程公司"，这种公司一般都在建委注册，是最正规的装修公司。其次是带"有限责任公司"字样的公司，这种公司都是股份制公司，注册资金有限。最后是"设计公司""装潢公司"，这种公司往往偏重广告装潢，注册资金很少，是最需要详细考察的公司。

(3) 办公室

办公室的位置和面积反映着公司的实力。往往是那些租用高档写字楼，或占用单独楼宇的装修公司，最能提供完善的服务。公司的员工多，需要的办公空间也会大一些，这从一个侧面反映了公司实力。

一个装修公司正规与否，和该公司的规章制度是否健全有很大关系。所以，业主考察装修公司时应重点关注一下墙壁上的规章制度。最主要的制度是有关设计师、监理和工长的管理制度，因为这些制度直接管理着为业主服务的人；其次是材料、施工和验收管理制度，这是保障工程质量的前提。另外，从办公空间的设计上，也可以对装修公司的设计能力和风格略知一二。

(4) 样板间

选择一家装修公司之前，最好去看看这家公司的样板间的施工质量。

(5) 设计人员

进了装修公司的门，最先接触的往往都是设计师。从设计师的资历上，也能看出装修公司的实力，因为有实力的公司才请得起好的设计师。

3. 选择装修公司要避免哪些风险？

有些装修公司会利用免费设计吸引业主、故意将设计复杂化、推荐使用有回扣的材料、谎报施工工程量等。因此，在进行装修时，要避免以下可能出现的风险：

1) 装修公司打着设计不收费的招牌，请设计师询问些房屋的基本情况，很快就从计算机里打印一个效果图出来，如果业主要求出个详细的设计图，设计师就要追加费用，开工后，以此费用折抵工程款。这就迫使业主不得不与该公司签约。

2) 设计故意复杂化。比如有些设计师在设计中故意增加装修项目，不需要做柜的地方加个柜子，没必要吊顶的地方非要吊顶。

3) 有些装修公司或者设计师和一些建材商有协议：只要设计师在设计中使用了他们的材料，最后由建材商给装修公司或设计师返款。所以设计师在进行设计时，就有意使用这些有回扣的材料。即使有其他价格比较便宜、装饰效果更好的装饰材料，设计师在设计中也不会采用。

4) 设计师在测量和设计时，有意多报、谎报，加大工程量。比如在预算中多报施工面积，以获得更高的利润。尤其是在墙面这一项上，会多报涂刷面积。如在计算涂刷墙面乳胶漆时，没有将门窗面积扣除，或者将墙面长宽增加，都会导致装修预算的增加。

5) 设计师建议和他个人签协议，保证能干好，而且价格还比公司优惠20%以上。这种做法可能导致施工中在质量、工期等方面出现问题，且无法投诉的后果。

6) 要签订书面装修合同。要通读合同文本，不要遗漏合同中需要填写和选择的项目，另有约定的，要用书面的形式予以确定，并作为合同的附件。签完合同再进入实质阶段，不要听信对方先干上再说或把合同单方拿去盖章的话而导致一拖再拖。

7) 如果自己买材料，应咨询行家大概所需的量，而不要完全听信施工者对物料的要求。

8) 不要随意提前支付装修款。支付装修款要根据双方订立的合同进行，付款后要取得装修经营者开具的有效凭证。

4. 签订装修合同时要注意哪些问题？

在跟装修公司签订装修合同时，要注意以下几个事项：

（1）核实装修公司身份

核实装修公司的名称、注册地址、营业执照、资质证书等档案资料。防止一些冒名公司假借正规公司名义与业主签订合同，损害业主利益。

（2）检查设计图纸是否齐全

在签订合同时最好把相关的图纸准备好，即使事后对图纸有所变更，也是在合同必要图纸的基础上，这种做法对合同双方都是有利的。

(3) 明确甲乙双方的材料供应

有些工程是甲乙双方共同供料，所以供料的品种、规格、数量、供应时间以及供应地点等项目需要形成文字的内容；材料验收要双方签字，材料验收单应对材料的品种、规格、级别、数量等有关内容标注清楚；另外，验收的材料应与合同中规定的甲乙双方提供的材料相符。

(4) 写明奖惩条款

1) 明确违约方的责任及处置办法。

2) 明确保修期和保修范围：一般免费保修期为一年，终身负责维修。

(5) 付款时间要明确

装修公司付款方式一般为分三次付款，甲乙双方应明确规定第一次预付款、第二次预付款及尾款的支付时间和条件。工程进行到何种程度才算过半，增、减项目的款项何时交付。

(6) 避免签订的合同出现以下情况

1) 未使用工商局监制的家庭装饰装修施工范本合同。由于多数业主法律专业知识有限，难以在装修公司提供的或者自己起草的合同中充分保护自己的合法权益，往往被合同条款的表面意思所迷惑，给日后的纠纷埋下隐患。

2) 合同主体不明。签订合同的装修公司名称，应与合同最后盖章的公司名称一致。

3) 书面文件不全。业主应妥善保存工程预算书以及全套设计、施工图纸及支付费用的单据。

4) 变更条款未加入合同。对于原合同的变更，业主与装修公司必须协商一致，并签订书面的变更协议，且经双方签字确认。

5) 工期延误应负的责任没有规定。正常情况下，由于工程量变化或设计变更，不可抗力及业主同意工期顺延的情况，工期相应顺延，双方均不承担责任；因装修公司未按期完成的工期顺延，由其承担责任；因业主的原因发生的返工费，则由业主负担。

5. 家庭装修风格主要有哪些类型？

常见的家庭装修风格主要有中式风格、日式和室风格、美式风格、欧式风格、东南亚风格、简约主义风格、浪漫主义风格、现代主义风格等。各种装修风格的特点具体如下：

(1) 中式风格

典型的中式风格，是悠长的历史中积累出的大度和恬然，样式、色彩的夸张或淡化都只是点缀，其主要强调的是一种恬静祥和却深入人心的力量。

中式风格不可缺少的是木器和瓷器，两者的样式都千姿百态。具有古典神韵的家具，搭配上各式各样的中国瓷器，实用装饰两不误。光洁细致的瓷器与沉稳内敛的木制家具营造出一份浓浓的中国情调。

在小摆设的搭配上，最好选用有中国特色的图片或装饰品，以使气氛显得温婉和谐、情趣盎然。

颜色的选择上，中式风格往往偏爱红色。红色能给人带来富贵祥和、热烈奔放的感觉。无论是红色的宫灯、抱枕、床幔还是中式风格的靠垫，都让空间透露着慵懒、高贵的意味。深色调的中式家具搭配色调鲜艳的软装饰，给人一种高雅稳重的感觉。

(2) 日式和室风格

和室原指日本式住宅中的卧室。但是随着个性化装修的普及，现在所说的和室通常是指开放式空间的泛称。它是一种多元化的功能设计，可依照主人需求，设计成喝茶、视听、客房、休闲、书房等空间，其中还融合了中式、欧式等风格。只要有一个空间略高且有拉门、折叠门或卷帘等，能达到空间自由开合的效果，就可称为和室。

和室装饰常见的造型比较简洁明快，以清雅为主，不宜过于繁复。所用的装饰品、布艺及家具都应为日式风格，并使用天然木材、砖石、草藤、棉布、麻料等原始材料。简洁的屏风，简单的色调，都能恰到好处地体现出和室风格的精简及含蓄。

(3) 美式风格

传统的美式风格色彩单调，注重光线设计，造型烦琐，比如凹凸不平的门板装饰、车木的楼梯扶手。前卫的美式风格不注重家具而注重灯光（如光源设计）、造型（如玄关设计等）、地板材料等。尤其是地板材料，设计师必须对各种光线、光影的效果了解得非常透彻，在地板材料的选择上也应十分谨慎。此外，美式风格在

选择装饰品时十分严谨，如一幅画，不仅要考虑画的内容，还要上档次。

（4）欧式风格

许多中老年人喜欢古典欧式风格，尤其是西欧风格。这类风格的壁炉、柱头、窗套讲究烦琐的线条，还有用玻璃钢雕成的小天使式样。另外，家庭装修时要选择欧式家具。

年轻人多偏爱北欧风格，"北欧风情""曲木设计"都是北欧风格的品牌。北欧风格有浅色调的，线条简洁统一，也有类似于黑胡桃木的深色调，一般是直线或流畅的曲线。需要注意的是，北欧风格的室内家具不宜烦琐。不过，屋内装饰品非常随意、生活化，玻璃、铝、不锈钢制品以及亚麻布饰品等都可以。

（5）东南亚风格

东南亚元素最能体现物我相融的境界，自然的阔叶植物、鲜艳的花卉、寓意美好的莲花是人们的最爱。在一间充满热带风情的居室中，用大花墙纸可以使居室显得紧凑华丽，这种图案元素一方面来自东南亚的服饰设计，比如华丽的衣衫或鞋子，另一方面则出自对热带植物的遐想。这种花型的表现并不是大面积的，而是以区域型呈现，比如在墙壁的中间部位或者以横条、竖条的形式呈现。同时，图案与色彩是非常协调的，往往是一个色系的图案。

东南亚风格家具的设计多采用藤草等能营造清凉、舒适感觉的材料。大部分家具采用两种以上不同材料混合编织而成。色彩以深色系为主，如深棕色、黑色、金色等，令人感觉沉稳大气。受到西式设计风格影响的则以浅色系比较常见，如珍珠色、奶白色等，给人轻柔的感觉。不同的材料和色调搭配，令东南亚家具设计在保留了自身的特色之余，产生了更加丰富多彩的变化。

（6）简约主义风格

简约主义风格把设计的元素简化到它的本质，强调元素内在的魅力。这里设计的元素可有民族的、历史的、文化的等，所以要求设计师高度概括，把庞杂的设计元素属性提炼、浓缩、构思。简化的室内空间使人有更多眼球放荡、视觉放松的地方。

简约主义以单颜色为基本色调，如白色、浅黄色等，给人以纯净、文雅的感觉，增加室内的亮度，使人更加乐观，并善于联想，可很好地衬托、调和对比鲜艳的色彩，产生美好的节奏感、韵律感，像一个干净的舞台，能最大限度表现家人的流动、陈设的品质、灯具的光亮、色彩的活力。

简约主义的表现背景颜色可以是单纯的、灰色的、热烈的，用色平整、面大、鲜活，面与面接口有层次，家具要统一、要完整，强调无主光源，也可用多头直流氖光灯，强调灯光烘托陈设品，如织物、雕塑、工艺品等要素，制造情调。

(7) 浪漫主义风格

浪漫主义风格以想象和情感的魅力为基础，营造理想、虚构、神秘、传奇、夸张的居室氛围。每个民族都富有表现浪漫生活的手段，无论是古典的还是现代的，城市的还是乡村的，壮观的还是小巧的，居室的柔和与明快、夸张与神秘、传奇与虚构，都是浪漫主义的表现。柔和的、明快的，抑或白色的、灰色的等色彩均可用于表现浪漫主义。

(8) 现代主义风格

现代设计追求的是空间的实用性和灵活性。居室空间是根据相互间的功能关系组合而成的，而且功能空间相互渗透，以使空间的利用率达到最高。空间组织不再是以房间组合为主，空间的划分也不再局限于硬质墙体，而是更注重会客、餐饮、学习、睡眠等功能空间的逻辑关系。现代主义装修风格通过家具、吊顶、地面材料、陈列品甚至光线的变化来表达不同功能空间的划分，而且这种划分又随着不同的时间段表现出灵活性、兼容性和流动性。

现代主义风格在选材上不再局限于石材、木材、面砖等天然材料，而是将选择范围扩大到金属、涂料、玻璃、塑料以及合成材料，并且夸张材料之间的结构关系，甚至将空调管道、结构构件都暴露出来，力求表现出一种完全区别于传统风格的室内空间气氛。在材料之间的交接上，现代设计需要通过特殊的处理手法以及精细的施工工艺来达到要求。

现代主义风格的色彩设计通过强调原色之间的对比协调来追求一种具有普遍意义的永恒的艺术主题。装饰画、织物的选择对于整个色彩效果也起到点明主题的作用。

现代室内家具、灯具和陈列品的选择要服从整体空间的设计主题。家具依据人体一定姿态下的肌肉、骨骼结构来选择、设计，从而调整人的体力损耗，减轻肌肉的疲劳。

现代主义风格的居室重视个性和创造性的表现，即不主张追求高档豪华，而

着力表现区别于其他住宅的东西。住宅小、空间多功能是现代主义风格室内设计的重要特征。与主人兴趣爱好相关联的功能空间包括家庭视听中心、迷你酒吧、健身角、家庭计算机工作室等。这些个性化的功能空间完全可以按主人的个人喜好进行设计，从而表现出与众不同的效果。

6. 如何搭配家庭装修色彩？

丰富的色彩能体现个人风格和喜好。同时，也会影响居住者的心里情绪。通常，不同的颜色有着不一样的表现效果，而色彩搭配得当可以产生超乎想象的效果。

（1）红色

红色包括了一系列引人入胜的色块：紫红色代表人类对植物生机的渴望；焦红色如同火山喷发和岩熔的余烬；太阳的水粉红慢慢渗透……如果用红色的墙面配以黑色的壁炉和黄色的饰物，能够产生高贵的感觉；而粉红色的墙面配以红玫瑰，也会彰显浪漫气息。总之，红色色系能够赋予人类温暖，丰富人类居住环境，创造舒适安逸和动人的气氛。

（2）黄色

黄色的可爱而成熟、文雅而自然，使得这个色系正在趋向流行。水果黄带着温柔的特性；牛油黄散发着一股原动力；而金黄色又带来温暖。在居室布置中，在黄色的墙面前摆放白色的花瓶，或配以黑漆木的饰物，都是极其完美的搭配。

（3）中性暖色

中性暖色是指像咖啡、奶油、泥土、苔藓以及干枯植被的色彩。这些色调优雅、朴素，配以白色的木线整洁而简约；配以深色木架则庄重而不失雅致。中性暖色提供了一系列令人愉快和平衡的颜色选择。这些含蓄的颜色为人们的居室环境渲染出安静、平和的氛围。

（4）绿色

绿色的魅力在于它显示了大自然的灵感，能让人类在紧张的生活中得以释放。竹子、莲叶和仙人掌，属于自然的绿色块；海藻、海草、苔藓般的色彩则将绿色引向灰棕色，十分含蓄；而森林的绿色则给人稳定感。

（5）蓝色

蓝色包括一系列冷色色块，从大气层的水蓝色到海军蓝无不如此。如果家里有个小院,将住宅的外墙刷成蓝白相间的颜色,再支起一张白色木制桌子,摆上几株植物,一种欧洲乡村风情就营造出来了。

(6)紫色

在以紫色为主的居室里,可以加入一些黄色,比如摆盆黄色的花,能让恬静的氛围变得活跃些。如果墙面是蓝紫色的,在布艺的选择上,可以尝试紫白条纹或纯白色的。

(7)中性冷色

中性冷色从灰色开始,一直过渡到绿色或蓝色。这些颜色通常被使用在现代材料上,如铝、不锈钢。这些代表建筑基础的中性颜色似乎天生就与高科技、都市化生活画等号。所以,浅灰紫的墙面应该搭配乳白色的居室门或搭配乳白色的花束;而浅灰绿色的墙面同深灰色的家具相配,比较朴素、清新。

7. 如何利用色彩弥补房间朝向的不足?

色彩有暖色调和冷色调之分,其中,橘红、黄色以及红色等色系总是和温暖、热烈等相联系,因而称之为暖色调。而蓝色系列和平静、安逸、凉爽等相联系,就称之为冷色调。

颜色的选择在一定程度上可以弥补房间本身条件的不足,甚至可以改变房间给人的整体感觉,所以在装修选择颜色时除了个人的喜好,还应根据房间的朝向等因素来考虑。

朝东的房间最早晒到日光,但同时日光也最早离开而使房间较早变暗,所以使用浅暖色往往是最合适的。

朝南的房间日照时间最长,所以选用的颜色不能太亮,同时应慎用暖色。而使用冷色常使人感到更舒适,房间的装修效果也更迷人。

朝西的房间由于受到一天中最强烈的落日夕照的影响,因此较炎热。选用暖色就会加剧这种效果,尽管有人喜欢这种效果,但大多数人则爱用深冷色,这样似乎更舒服。

朝北的房间由于没有日光的直接照射,所以应倾向于用暖色,且色度要浅。深色会给人沉闷、单调的感觉。但有一种好方法也可以使冷色明艳起来,即用白色的边框来分割大色块,或放置一些暖色调的家具。在具体配色时还应该考虑一些现存

颜色的影响使之相互协调，如窗帘、床罩、地毯和硬家具等的颜色。

8. 春季装修要注意哪些问题？

如选择在春季进行装修，要特别注意装修中要用到的木制品、乳胶漆、陶瓷砖、防水工程等几个方面。

1）春季选购木地板，应注意木板的含水率，尤其是实木地板，一般含水率应在11%左右，如果含水率偏高，地板水分散失后就会出现起翘变形的现象。

2）生产规模大的厂家大都会有相应的生产、测量、运输保障体系。运送材料要尽量选择天气晴好的日子，如果是下雨天应该用塑料膜保护好。要是材料已经上潮就不应该再用，切忌晒干后再用。

3）选购细木工板时要选择拼缝少、对接缝严密、板面颜色基本一致、无裂缝、无虫眼、无毛刺的板材。饰面板要求纹理清晰流畅、表面无节疤。对于常用的细木工板装修工艺要求很高，尤其是在潮湿的春季，需要足够的场地让木材有充分的时间进行适应性自然干燥，还要通过干燥窑进行严格的干燥工艺控制。

4）春季温暖潮湿，室内空气不容易流通。装饰中的大多数饰面涂料都会释放出各种挥发性有机化合物，对人体健康非常有害。所以装修后应该留下一定的排气期，静置一段时间再入住。

5）陶瓷砖花样繁多，春季选购时要求注意其含水量。表面平滑细腻、光泽面光泽晶莹、无光面手感柔和的就是含水量比较好的产品。同时，要特别注意陶质与瓷质的区别，吸水率低、结构细密、敲击声音清脆悦耳的就是瓷质砖，而吸水率高、结构孔多、敲击声音沉闷发浑的就是陶质砖。吸水率低的瓷质砖在春季昼夜温差变化的情况下不容易出现裂纹。

6）昼夜温差大的春季也使防水显得尤其重要，所以这时候装修防水步骤决不能忽视。地面最好先做好防水处理，这样可以避免防水涂料因厚薄不均而造成渗漏。接缝处要用涂料和水泥刷补到位，而且用料要均匀。与水管相近的地面和墙面要刷约30cm高的防水涂料，以免积水渗透到墙面。

7）春天潮热，刷上油漆后干得慢，油漆吸收空气中的水分后，会产生一层雾面，可以考虑用吹干剂，使油漆干得快些。

8）如果选择在春天装修新居，一定要先听取装修公司关于防水防潮方面的计划，并要与装修公司签一年的保修合同，以方便与装修公司交涉因季节变化而暴露的装修问题。

9. 家庭装修出现纠纷有哪些解决途径？

当业主遇到家庭装修纠纷时，可以通过以下几种途径解决：

1) 向家装协会求助。业主投诉应符合的条件：

①有明确的被投诉人。

②有具体的投诉请求、理由和事实经过。

③被投诉人属于市装饰装修行业协会会员的企业。

同时，业主还需提供以下书面材料：姓名、地址、联系方式；家装工程地址、施工单位名称及负责人姓名；投诉人的要求、理由及事实、相关证据。

2) 向消费者协会反映。

3) 向合同中约定的仲裁机关提请仲裁。

4) 向有管辖权的法院提起诉讼。

10.2　局部空间装修

1. 客厅装修要注意哪些要点？

客厅在某程度上体现着主人的个性，好的设计除了顾及用途之外，还要考虑居住者的生活习惯、审美观和文化素养。客厅的装修需要注意以下几个要点：

（1）风格

客厅的设计风格很多，可分为传统和现代两种。传统风格的装饰装修设计主要是在室内布置、线型、色调、家具及陈设的造型等方面吸取传统装饰的形、神为设计特征。而现代风格的装饰装修设计则以自然流畅的空间感为主题，以简洁、实用为原则，使人与空间享尽浑然天成的契合惊喜。

(2) 主题墙

客厅的主题墙是指客厅中最引人注目的一面墙，一般是放置电视、音响的那面墙。装修时，可利用各种装饰材料在墙面上做一些造型，目前使用较多的如各种毛坯石板、木材等。另外，采用装饰板将整个墙壁藏起来，也是主题墙的一种主要装饰手法。

有了主题墙，客厅中其他地方的装饰装修就可以简单一些，如果客厅的四壁都成了主题墙，就会使人产生杂乱无章的感觉。

另外，主题墙前的家具也要与墙壁的装饰相匹配，否则也不能达到理想的效果。

(3) 吊顶

1）用石膏在天花板四周造型。石膏可做成几何图案或花鸟虫鱼图案。它具有价格便宜、施工简单的特点，只要和客厅的装饰风格相协调，效果也不错。

2）四周吊顶，中间不吊。此种吊顶可用木材夹板成型，设计成各种形状，再配以射灯和筒灯，在不吊顶的中间部分配上较新颖的吸顶灯，会使人觉得客厅增高了，尤其是面积较大的客厅，效果会更好。

3）四周吊顶做厚，中间部分做薄，形成两个层次。此种方法四周吊顶造型较讲究，中间用木龙骨做骨架，而面板采用不透明的磨砂玻璃；玻璃上可用不同颜料喷涂上中国古画图案或几何图案，这样既有现代气息又给人以古色古香的感觉。

4）空间高的房屋吊顶。如果房屋较高，则吊顶形式选择的余地比较大，如石膏吸音板吊顶、玻璃纤维棉板吊顶、夹板造型吊顶等，这些吊顶既美观，又有减少噪声等功能。

(4) 地面

地面通常是最先引人注意的部分，其色彩、质地和图案会直接影响室内观感。此外，地面与家具起着互相衬托的作用。

2. 卧室装修要注意哪些要点？

卧室是供人们休憩、睡眠使用的，伴随着人们对居住环境要求的不断提高，卧室除了为人们提供睡眠空间之外，还逐渐增添了储物、化妆和休闲功能。这些附加功能的逐渐增多，更要求卧室设计要精益求精。在装修卧室时，要注意以下几个要点：

1）在卧室中的设计重心就是床，空间的装修风格、布局、色彩和装饰，一切都应以床为中心而展开。在卧室中，床所占的面积也最大，所以应先安排一下床在卧室中的位置，然后再考虑其他的设计。

2）在您定下了床的位置、风格和色彩之后，卧室设计的其余部分也就随之展开。由于目前很多家庭的卧室面积都很有限，因此在卧室中不要摆放过多的家具，以免使人产生压抑感。

3）卧室的设计最注重私密性与舒适性，在进行卧室的装修设计之前，最好在夜晚看看卧室的窗口是否与别家的窗口对峙。如果楼宇之间的距离过近，就要考虑用厚实的窗帘。如果住在一楼，还要看看窗外的环境，是否紧邻马路或公共场所，并考虑隔音的问题。另外，卧室的私密性还包括隔音，不仅对室外要隔音，对室内同样也需要隔绝声音。

4）在卧室中储纳衣物，是目前绝大多数家庭的使用要求。除了可以在卧室摆放几个衣柜之外，还可以利用推拉门在卧室中隔出一个空间，做一个步入式更衣间。如果卧室的面积比较小，还可以利用旋转衣架，来充分利用有限空间，储纳更多的衣物。

5）很多年轻人在装修新居时，比以往更注重卧室的休闲功能：在窗口安排一个小小的休闲区域，方便在临睡前和起床后小坐；设置一组矮柜，放上一套影音设备，就可以把卧室变成第二个视听区。

3. 书房装修要注意哪些要点？

书房在现代家居生活中担任着越来越重要的角色，它不但是休闲、读书的场所，也是工作的空间。装修书房时需要注意以下几个要点：

1）书房作为主人读书写字的场所，对于照明和采光的要求高，写字台最好放在阳光充足但不直射的窗边。书房内一定要设有台灯和书柜用射灯，便于主人阅读和查找书籍。

2）安静对于书房来讲十分必要，所以在装修书房时要选用那些隔音、吸音效果好的装饰材料。

3）在书房中摆放几个古朴、简单的工艺品，可以为书房增添几分淡雅和清新。

4）书房里家具的选购和摆放都有很大的学问。书房经常承担着书写、计算机操作、藏书和休息的功能，因此书房中常用的家具是书架、写字台、计算机桌及座椅或沙发。选购书房家具时要尽可能配套，做到家具的造型、色彩一致。

5）写字台内应该有存放文件和小物品的地方。最方便的是在写字台两侧有可拉出的托架，这种托架可用时拉出，用毕推回。还有一种写字台也很方便，它的两侧有挂斗，挂斗内可以竖着放文件夹。

6）选择书柜时首先要保证有较大的贮藏书籍的空间。书架的种类很多，非固定式的书架只要是拿书方便的场所都可以旋转。入墙式或吊柜式书架，对于空间的利用较好。半身的书架靠墙放置时，空出的上半部分墙壁可以配合壁画等饰品一起布置。落地式的大书架有时可兼作间壁墙使用。这类书架放一些大型的工具书，看起来比较美观。一些珍贵的书籍最好放在有柜门的书柜内，以防书籍日久沾满尘埃。

7）在现代家庭中，经常出现两个人同时在家办公和读书的情况，那么可以在沿窗子的墙面做个宽50cm、长200cm左右的条形写字台，这样就可以同时满足两个人的需要了。

4. 儿童房装修要注意哪些要点？

儿童房装修需要注意以下几个要点：

（1）充足的照明

儿童房的全面照明度一定要比成年人的睡房高。书桌、床头等处的局部照明则要求灯具光线充足、均匀柔和。最好安装一盏低瓦数的夜明灯。

电源插座和开关要加保险盖，电器用品都要加保护装置，不要使用落地灯、落地扇等，以免绊倒而发生触电事故。

（2）鲜亮的房间色彩

房间色彩鲜亮，可以改善室内亮度，训练儿童对色彩的敏感度，同时还有利于培养开朗向上的性格。

（3）环保安全的家具

1）装修材料要环保，最好选用柔软天然的材质，此外，还要考虑到易清洗、宜更换和耐磨耐用等方面。

2）地板要防滑。如果打算铺地毯，那么地毯背面要有防滑材质，或者牢牢固定好地毯的四边。

3）尽量选用无尖利棱角、坚固不易碎的家具，最好采用圆弧收边，以免孩子磕碰受伤。

4）避免使用油漆气味浓烈的家具或饰品。刺鼻的气味往往表明其中含有毒性的化学物质，不利于孩子健康。

5. 厨房装修要注意哪些细节？

厨房装修是家庭装修中的重点难点，要特别注意以下四个细节问题：

1）厨房最好不做敞开式的。有些家庭为了营造某种时尚气息，往往会把厨房做成敞开式的。这种敞开式厨房会带来两个问题：一是墙体的拆除，二是易使室内空气受污染。因为中国饮食以烹调为主，油烟味比较大，厨房敞开后，很容易使油烟飘入客厅及室内，腐蚀家中的电视、冰箱等电器，形成导致肺癌的污染源，即使用排风扇强制排风，也容易留下隐患。

2）通常在厨房装修前，先由橱柜厂家到厨房进行丈量，除量尺寸外，还要看看各种管道原来的位置是否合适，如不合适需要改动，则会出一份图纸交给装修公司，由施工队按图纸进行必要的改造。需要注意的是，因橱柜厂家没有量准，或施工队没严格按照尺寸去做等原因，经常会出现因尺寸不准而使橱柜接口对不上茬的情况。所以要多加注意，以免厂家与装修公司因此出现纠纷而延误工期。

3）水路只能改上水，不能改下水。新楼在厨房设计上日趋合理，基本上都是双路供水，并预留供微波炉、排风扇等使用的多个插座，所以对水路、电路的改动不大。但老楼一般是单路供水，因此在厨房装修时，最好增加一个热水管道。需要提醒的是，受结构的限制，水路改动只能改上水，不能改下水。

4）煤气管道的改造要由专业公司负责。煤气与天然气管道因受房屋结构的限制，一般不让随意改动。如果不得不改，必须经过物业公司的同意。改动时，由于专业性较强，同时为方便日后的维修，通常由煤气、天然气公司或物业公司指定的专业公司负责改动。

6. 卫浴间装修要注意哪些要点？

卫浴间是每个人生活中不可缺少的一部分。一个完整的卫浴间，应具备如厕、洗

漱、沐浴、更衣、洗衣、干衣、化妆，以及洗理用品的贮藏等功能。具体情况需根据实际的使用面积与主人的生活习惯而定。在装修卫浴间时，需要注意以下几个要点：

1）卫浴间大体可分为开放式布置和间隔式布置两种。所谓开放式布置就是将浴室、便器、洗脸盆等卫生设备都安排在同一个空间里，是一种普遍采用的方式；而间隔式布置一般是将浴室、便器纳入一个空间而让洗脸盆独立出来，条件允许的情况下可以采用这种方式。

2）卫浴间一般包括卫生洁具和一些配套设施。卫生洁具主要有浴缸、蒸汽房、洗脸盆、便器、沐浴房、小便斗等；配套设施如整容镜、毛巾架、浴巾环、肥皂缸、浴缸护手、化妆橱和抽屉等。考虑到卫浴间易潮湿这一特点，应尽量减少木制品的使用，如果一定要用木制品的话，也应采用耐水材料。

3）卫浴间的装饰材料一般较多采用墙地砖、PVC板或铝扣板吊顶。一般来说，先应把握住整体空间的色调，再考虑选用什么花样的墙地砖及天花吊顶材料。地砖则应考虑具有耐脏及防滑的特性，天花板无论是用PVC板还是铝扣板，都应该选择简洁大方、色调轻盈的材质，这样才不至于产生"头重脚轻"的感觉。三者之间应协调一致，与洁具也应相协调。

4）由于卫浴间面积都不大，所以选择一些亮度较高或色彩亮丽的墙砖会使得空间感觉大一些。

5）卫浴间在装饰设计上既要符合美观与实用相结合的原则，又要充分表达出个人情趣和个性特点。必要时寻求设计师的帮助，将会得到一个较好的效果。

6）如空间允许还可增设一只更衣吊橱，以便利洗浴时存放衣服，并在通向户外的窗上配上塑料百页窗帘，既防潮、又通风。

7）在设计阶段就考虑好到底购买何种产品，在施工时就可按照所选购产品的具体安装要求和技术参数预留空间、改造管路、创造安装条件，保证卫浴产品能正常安装使用。

8）卫浴间内有水电路需要改造时，要事先向设计师索要一张电路改造图，如果施工过程中有所改动，还要与设计师沟通再画一张改造图，然后开始施工，最好不要边施工边修改，以免今后在对墙体施工时，弄伤电线引起灾祸。

9）在购买卫浴产品前必须考虑现有的设计方案与未来施工是否可行及是否具有弹性。例如，水龙头需要预埋合适的上水管路，浴室柜要求预留足够的安装空间，坐厕需要考虑墙距，淋浴房需要考虑地漏位置是否合适等，这些都必须在家装施工中做好才行，否则卫浴产品无法安装使用。

7. 阳台装修要注意哪些要点？

阳台发挥着居室内外空间过渡的作用，因此最好不要将其封闭。将阳台精心布置一下，它将是与自然亲密接触的最佳场所。在装修阳台时，要注意以下几个要点：

1）照明不可少。阳台也要安装灯具，灯具可以选择壁灯和草坪灯之类的专用室外照明灯。

2）未封闭的阳台遇到暴雨会大量进水，所以装修地面时要考虑水平倾斜度，保证水能流向排水孔，不能让水对着房间流，安装的地漏要保证排水顺畅。

3）为了防止夏季强烈阳光的照射，可以利用比较坚实的纺织品做成遮阳篷。遮阳篷本身不但具有装饰作用，而且还可遮挡风雨。遮阳篷也可用竹帘、窗帘来制作，应该做成可以上下卷动的或可伸缩的，以便按需要调节阳光照射的面积、部位和角度。

4）与室内装修相比，阳台可以少用人工的材料，而多选用纯天然的材料，如天然石、木板、石头、石砖等，让阳台与户外的环境融为一体。

5）阳台地面在填平时一定要慎重，绝不能用水泥沙浆或砖直接填平，这样会加重阳台载荷，发生危险。最好是不填阳台地面。如非要填平，可采用轻体泡沫砖，尽量减轻阳台载荷。

6）封闭阳台最好使用塑钢窗，它的主要优点是密封性好，保暖性好。而且能有效地防震防尘防沙。再者就是阳台墙体保温，在做墙体保温前要先封闭阳台做好阳台防水，再填充一些保温材料，填充完毕后进行封闭，最后再对阳台墙体进行表面装饰。除此之外，还有其他做法，比如在阳台墙面做一排低柜，里面放些书或杂物，这样可以隔绝冷空气，起到保温的作用。

8. 墙面装修有哪些常见的方式？

常见的墙面装修方式有刷涂料、贴壁纸、铺板材以及做石墙等。

（1）刷涂料

刷涂料是最普遍的墙面装修方式。通常是对墙壁进行面层处理，用腻子找平，打磨光滑平整，然后刷涂料，主要是乳胶漆。上部与顶面交接处用石膏线做阴角，

下部与地面交接处用踢脚线收口。这种处理简洁明快，房间显得宽敞明亮，但缺少变化。可以通过悬挂画框、照片、壁毯等，再配以射灯打光，进行点缀。

(2) 贴壁纸

墙壁面层处理平整后，铺贴壁纸。壁纸的种类非常多，有几百种甚至上千种，色彩、花纹非常丰富。壁纸脏了，清洁起来也很简单，新型壁纸都可以用湿布直接擦拭。壁纸用旧了，可以把表层揭下来，无须再处理，直接贴上新壁纸就可以了，非常方便。壁纸在欧美是墙壁装修的主要方式。

(3) 铺板材

墙面整体都铺上基层板材，外面贴上装饰面板，整体效果雍容华贵，但会使房间显得拥挤。还有一种虽是用密度板等板材整面铺墙，但上面再刷上白色乳胶漆，从外表上看不出是用板材装修的，它是利用密度板切割方便、边缘整齐平直的特点，通过板材的拼接来做直线、坑槽等造型，这样处理的墙面既平整、造型细致，又避免了大量使用板材而带来的拥挤感。

(4) 做石墙

一种是文化石饰墙：用鹅卵石、板岩、砂岩板等砌成一面墙。文化石吸水率低，耐酸，不易风化，吸音效果好，装饰性很强，主要用于客厅装饰。另一种是石膏板贴面：石膏板上雕有起伏不平的砖墙缝，贴在墙壁上凹凸分明，尤其是用灯光一照，层次感非常强，装饰效果显著。

10.3　选购装修材料

1. 如何鉴别是否是健康涂料？

在选择涂料时，主要可以从涂料表面、涂料的总有机挥发量、溶剂情况等几个方面来辨别是不是健康涂料。

(1) 看涂料表面

优质的多彩涂料其保护胶水溶液层呈无色或微黄色，且较清晰。表面通常是没有漂浮物的。

（2）看涂料的总有机挥发量（VOC）

有机挥发物会对环境、人类自身构成直接的危害。甲苯、二甲苯、丁酮、醋酸酯等都在限制之列，应该尽量减少这些溶剂的用量。目前国家对涂料的VOC含量标准规定应小于200，而像诺蓝纳米改性涂料VOC含量小于70，远优于国家标准。更重要的是纳米技术还能以高达95%的概率捕捉其他装饰材料带来的甲醛、氨气等有害气体。

（3）询问溶剂情况

负责的品牌会限制有毒溶剂的使用。一般说来，涂料干燥以后，它的溶剂基本上可挥发掉，但这要有一个过程，特别是室温固化的涂料。若溶剂有毒，如果用户长时间接触，也会造成对人体健康的伤害。

2. 选择地面材料要考虑哪些因素？

在选择地面材料时要考虑以下几个因素：

（1）根据功能区来选

1）起居室的电视沙发区最好选择柔软、易清洁更换的材质。它可以满足大人赤足放松地看电视，孩童席地玩耍棋牌游戏的需要。一块松软舒适、易换洗的小地毯是不错的选择。

2）厨房的地面易附着水和污渍，选择毛孔小、吸水率低的瓷砖，清理起来可以省不少力气。

3）卫浴间地面经常十分潮湿，应避开木地板，以防止表面的迅速变形；也不应采用光滑釉面瓷砖，免得浴后安全成问题。

（2）根据生活习惯来选

如果是成日忙于工作，无暇打理家居的职业一族，瓷砖不失为很好的地面选择。它易清洁收拾，用墩布三下五除二就抹去污垢。如果有闲暇仔细布置与打理家居，又抑或是习惯雇用钟点工的家庭，地毯和木地板的清洁也可以从容实现。

（3）根据舒适程度来选

木地板有弹性，带着自然的暖意，一直以来是很多喜爱赤足家中的业主卧室地面首选。近年来随着制作工艺水平的提高，布艺纹、皮革纹理，甚至木纹瓷砖屡见不

鲜，有的木纹瓷砖脚感如实木地板一般温暖、踏实，清洁起来又比木质地板便捷。

(4) 根据个人喜好来选择

相对木地板而言，地毯、瓷砖组成的图案变化会比木地板的更丰富，也更容易体现个性。具有创造力的业主甚至可以DIY搭配，铺就真正的一品地面。

3. 选购木地板要关注哪些要点？

木地板的种类主要有实木地板、强化木地板、实木复合地板、竹地板等十几种。木地板种类繁多，质量、档次参差不齐。在选购木地板时，主要可以从以下几个方面来辨别其是否值得购买：

(1) 耐磨转数

耐磨转数越高，地板使用的时间应该越长，但耐磨值的高低并不是衡量地板使用年限的唯一标准。一般情况下，复合地板的耐磨转数达到1万转为优等品，不足1万转的产品，在使用1~3年后就可能出现不同程度的磨损现象。

(2) 吸水后膨胀率

此项指标在3%以内可视为合格，否则，地板在遇到潮湿，或在湿度相对较高、周边密封不严的情况下，就会出现变形现象，影响正常使用。

(3) 甲醛含量

按照欧洲标准，每100g地板的甲醛含量不得超过9mg，如果超过9mg属不合格产品。

(4) 地板厚度

目前市场上地板的厚度一般为6~12mm，选择时应以厚度厚些为好。厚度越厚，使用寿命也就相对越长。

(5) 拼装效果

看两块地板拼装后是否整齐、严密。

(6) 地板重量

地板重量主要取决于其基材的密度。基材决定着地板的稳定性，以及抗冲击性等诸项指标，因此基材越好，密度越高，地板也就越重。

(7) 正规证书和检验报告

在选择地板时，一定要弄清商家有无相关证书和质量检验报告。相关证书一般包括地板原产地证书、欧洲复合地板协会（EPLF）证书、ISO9001国际质量认证证书、ISO14001国际环保认证证书，以及其他一些相关质量证书。

（8）环保性能

选择地板时首先考虑的应是产品的环保性，其次才是产品的其他性能以及价格。可以通过验看有无相关的绿色环保证书来确认地板是否为环保产品。

（9）售后服务

强化木地板、实木复合地板一般需要专业安装人员使用专门工具进行安装，因此要问清商家是否有专业安装队伍，以及能否提供正规保修证明书和保修卡。

4. 怎样选购木门？

木门的形体、色彩、质感对完成居室理想气氛起着不可或缺的作用。在选购木门时，应重点关注以下几个要点：

1）选择消费者协会认证的消费者满意或售后服务信得过的家居市场。

2）要货比三家，对同一款式、同一品牌的商品，要从质量、价格、服务等方面综合考虑。

3）向商家索要产品保修卡。

4）确定门型，首先应明确整体装修设计的风格，选择与居室风格和谐的款式及色彩，同时要考虑其可持续的美感。其次，应根据使用场所确定其使用功能。如根据使用场所及用途可分为一般装饰门、百叶门和带玻璃的装饰门等。一般装饰门可做户门。百叶门主要安装在贮藏室便于通风。而带玻璃的装饰门可安装在居室的门厅等处，以增强装饰效果。

5）门的用料应与整体装修的选材相一致。比如，木地板选用的是水曲柳，那么您在木门装饰装修时最好也选用水曲柳材料。

6）选择木门用料应选用烘干料，即经过厂家干燥处理的木料，而不宜选用自然风干的木料。自然风干的木料最大的缺点是易变形，时间一长会出现变形或干裂等现象，使整扇门的优美造型和装饰效果大打折扣。所以在定做门时，最好选择专业厂家制作或者专业厂家加工的板制品以确保质量。

7）发票、合同上必须注明木门的材质、规格、数量、价格、金额。

8）了解厂家的名称、地址、联系人、电话，以便发生质量问题能及时联系

解决。

5. 如何判断瓷砖质量的优劣？

挑选瓷砖时，一般可以通过以下方法来判断其质量的好坏：

（1）抛光砖的挑选方法

1）敲击瓷砖倾听声音，声音清脆的，表示瓷砖的密度高。

2）检查是否有边角缺损和色差、砂眼等。

3）同样重量的玻化砖从侧面看砖体比较薄的质量好。

4）质量好的玻化砖亮度比较高。

5）品质高的瓷砖吸水率很低，可以用水滴在瓷砖的背面，数分钟后观察水滴的扩散程度。瓷砖不吸水，即表示吸水率低，品质较佳。

（2）亚光砖的挑选方法

1）掂一下砖的轻重，同样尺寸的砖，重的要比轻的好。

2）好砖的手感也比较好，砖面细腻、光滑，而不好的砖表面粗糙，完全可以用手感觉得到。

（3）仿古砖的挑选方法

1）用铁钉在砖的表面划一下，质量好的砖不会留下痕迹，但是不要拿钥匙划，因为钥匙里含有铝，会产生反效果。

2）把四块砖平放在地面上进行拼合，看是否有缝隙、是否平整。

3）看它的尺寸和颜色是否符合标准，一般来说，颜色正的仿古砖，质量比较好。

4）购买瓷砖时，不仅要挑花色，还要查看检测报告、环保认证等材料，并向销售商咨询有关瓷砖生产工艺方面的问题，因为运用不同工艺生产的瓷砖，性能存在不小差异。如采用一次烧成与二次烧成工艺所生产出的产品具有不同特点：

一次烧成是指将生坯施釉，干燥后入窑经高温一次烧成制品，釉与坯体同时成熟。一次烧成的瓷砖，坯釉结合好，后期龟裂少。二次烧成则指将未上釉的坯体，干燥后先进行一次素烧，然后施釉，之后低温烧釉。通过这种工艺生产的瓷砖，坯釉结合层少，结合不良，后期较易出现龟裂的现象。

6. 如何挑选水龙头？

目前市场上的水龙头种类繁多，单价从几十元到几千元不等。挑选水龙头时，要重点考虑以下几个方面的因素：

（1）质量

对于水龙头来说，它的阀芯就好比人的心脏，挑选好的水龙头首先要了解水龙头的阀芯，阀芯的质量决定着水龙头的功能可靠性及使用寿命。常见的阀芯有三种：不锈钢球阀，陶瓷片阀芯和轴滚式阀芯。这三种阀芯的共同特点是具有整体性，整个芯轴为一体，易于安装、维修、更换。其中陶瓷片阀芯的优点是价格低，对水质污染较小，但要注意陶瓷质地较脆，容易破裂；轴滚式阀芯的优点是把手转动流畅，操作容易、简便，手感舒适轻松、耐老化、耐磨损。不锈钢球阀是目前具有较高科技含量的一种水龙头阀芯，一些高档的卫浴品牌均采用它作为其最新水龙头产品的阀芯。业内人士也认为这种阀芯比较适合水质不良的地区，因为它不受水里杂质的影响，不会因此而缩短使用寿命。而且钢球阀芯的把手在调节温水的区域内有比较大的角度，可以准确地控制水温，确保热水迅速且准确地流出，并且尽可能地节约资源。

（2）功能

除了我们已经习以为常的普通出水方式，有的水龙头还具有特殊的出水方式。一些品牌的水龙头还能通过特殊装置，将水与空气预先混合，产生十分柔和的水流，同时还能节约宝贵的水资源。如果要求家中24小时有热水供应，那么挑选一个品质优良的混水龙头就很有必要了。一般的混水龙头出水不稳定，容易时冷时热，而有些混水龙头安装有调节热水控制器，可有效调节热水进入混水槽的流入量，确保热水迅速准确流出，既省水又节能。

（3）环保

水龙头节水设计的关键也在于其阀芯。采用球阀制成的产品目前在业界被公认是节水方面做得最出色的，购买时可以向销售人员咨询采用相关技术的产品。目前市场上的知名品牌大多都有这类产品，有的国际品牌的工艺设计师甚至连花洒也动足脑筋，虽然价格会远高于其他产品，但从长远来看既节省资源又节省金钱。

（4）风格

水龙头最好能与装修风格相协调，购买时可以根据自己的喜好及其他卫浴产品的风格进行选择。市面上常见的水龙头表面有镀钛金、镀铬、烤漆、烤瓷等种类，以不锈钢镀铬最为常见。彩色水龙头也受到人们的喜爱，颜色有红、黄、黑、蓝等，可在浴室和厨房中与其他用具进行色彩搭配，起到点缀的作用。在造型上，水龙头的手柄和出水管各式各样，大都为流线型，越高档的产品其造型越独到。除常见的球形和弯把手柄外，还有由多色水晶制成的类似门把手的细长的圆锥形手柄、倒三角形手柄等，安在面盆或浴缸上犹如一件件艺术品。

10.4　选购家具与装饰品

1. 如何判断家具质量的优劣？

挑选家具时，主要可以从家具的饰面、结构、各部位的尺度和加工精细程度等着手：

（1）饰面

1）看色泽是否协调，套装家具要注意整体色彩的统一性。

2）抚拭台面看漆面是否平整、光滑，有无流挂、裂纹、透底、起泡、划痕等。

3）看饰面板与饰面板间、饰面板与线条间的拼接是否有缝隙，是否平滑。

4）看饰面板钉眼是否明显，是否有乳胶漆污染。

（2）结构

1）看各部位用材是否合理，结构部位不能有腐朽、节疤、劈裂等缺陷。

2）看家具造型、尺寸是否符合设计要求。

3）看结构是否牢固、安全。

4）看表面平整度、立面垂直度。

5）看家具内部是否洁净，是否有毛刺。

6）通过手感，检查家具内部的木材干燥程度，辨别木质的含水率高低。含水率高的家具，容易变形、走样。

(3) 尺度

1）看柜门表面是否平整，有无变形。

2）看柜门与家具框架的缝隙、柜门与柜门间的缝隙是否控制得合理。

(4) 加工精细程度

1）看抽屉导轨是否灵活，有无明显摆动和吱吱声。

2）看柜门拉手、铰链的安装是否合理，柜门开启是否灵活。

(5) 质量证书

看家具是否盖有出厂合格证，认准生产厂家并保存好发票。遇到质量不过关的产品时，除和生产厂家交涉外，还可与消费者协会联系，请他们帮助妥善处理。

2. 如何鉴别购买的家具是否环保？

在购买家具时，要特别注意是否为环保家具，一般可以从以下几个方面加以鉴别：

(1) 看材质

在购买家具时，要注意看家具是用实木还是人造板材制作的，一般实木家具给室内空气造成污染的可能性较小。另外，按照国家关于家具质量的要求，凡是使用人造板材制成的家具部件都应经严格的封边处理，这样可以限制人造板中的有害物质释放，但目前许多厂家为了节约材料，都只做局部封边。所以购买的时候一定要看清楚人造板材制成的家具是否做了全部封边处理。

(2) 了解厂家实力

问清楚家具是否符合国家有关的环保规定、是否有相关的认证等。不是正规厂家生产的，或者没有出厂检验或质检合格证的不要买。一般知名品牌、有实力的大厂家生产的家具，污染问题比较少。

(3) 闻气味

在挑选家具时，要打开家具包装，闻是否有很强的刺激性气味，这是判断家具是否环保的最有效方法。如果刺激性气味很大，证明家具采用的板材中含有很多的游离性甲醛，会污染室内空气，危害健康。

让你成为房产专家

（4）摸家具

摸摸家具或试用一下，尤其在选择布艺沙发时，就要靠摸来感觉内填充物用料是否实在、弹性均匀，无论压、靠、挤，释放压力后能迅速回弹，而且没有污染物质的，才是好沙发。

3. 金属家具有哪些优势？

金属家具是指以金属管材、板材或棍材等作为主架构，配以木材、各类人造板、玻璃、石材等制造的家具和完全由金属材料制作的铁艺家具。金属家具有以下几个优势：

（1）极具个性风采

现代金属家具的主要构成部件大都采用厚度为1~1.2mm的优质薄壁碳素钢不锈钢管或铝金属管等制作。由于薄壁金属管韧性强、延展性好，设计时尽可依着设计师的艺术匠心，充分发挥想象力，加工成各种曲线多姿、弧形优美的造型和款式。颇具艺术情趣的金属管主构架与实木、人造板、包布、石材、玻璃等配件或饰件巧妙搭配结合，尽展千姿百态、万种风韵，令人赏心悦目。许多金属家具形态独特、风格前卫，展现出极强的个性化风采，这些往往是木质家具难以比拟的。

（2）色彩选择丰富

金属家具的表面涂饰可以由各种色彩靓丽的聚氨酯粉末喷涂，也可以是光可鉴人的镀铬；可以是晶莹璀璨、华贵典雅的真空氮化钛或碳化钛镀膜，也可以是镀钛和粉喷两种以上色彩相映增辉的完美结合。目前流行的镀K金及镀黑金工艺，更把金属家具的档次和品位推向一个极高的境界。

（3）门类品种多样

金属家具的门类和品种十分丰富，适合在卧室、客厅、餐厅中使用的家具一应俱全。这些金属家具可以很好地营造家庭中不同房间所需要的不同氛围，也更能使家居风格多元化和更富有现代气息。

（4）具有折叠功能

金属家具中许多品种具有折叠功能，不仅使用起来方便，还可节省空间，使面积有限的家庭居住环境相对地宽松、舒适一些。

（5）颇具美学价值

铁艺家具融中西古典神韵于貌似粗犷的风格之中，典雅古朴又不失现代气息，颇具艺术鉴赏价值及美学价值。

（6）物美价廉

金属家具的价格比实木的木质家具要低廉不少，这对想把家庭布置得轻巧灵秀并独具创意的人士及收入尚不丰厚、但讲究实惠和美感的家庭来说，都可谓是物美价廉。

4. 玻璃家具有哪些优势？

玻璃家具既有实用性，也有观赏性，如不同造型的餐桌、茶几、书柜、酒柜、音响柜、电话柜、梳妆台等，能适应不同阶层审美者的需求。

当前用于玻璃家具的都是新型钢化玻璃，它的透明度高出普通玻璃4~5倍，同时还具有较高的硬度和耐高温特性。与木质家具相比，玻璃制品因可调制各种颜色，再加上高精度雕刻或喷涂出来的图案，所以显得更为华丽动人。最重要的是，采用玻璃制成的餐桌、茶几等家具，更易与居室的其他家具相搭配。其精巧玲珑的风格和别具一格的造型，无论是放在客厅、餐厅还是书房，均会在家具丛中独树一帜。

购买玻璃家具时，应仔细查看玻璃的厚度、颜色，玻璃里面有无气泡，边角是否光滑、顺直，大面是否平整等。

5. 选购儿童家具要关注哪些要点？

选购儿童家具既要考虑实用性、耐用性，也要考虑到安全性和环保性等性能。

（1）实用性

为孩子添置家具并不全是为了房间的好看，实用的原则至关重要。所以桌椅特别要讲究人体工程学原理，家具的高度要适宜孩子，使他们的手够得到放在上面的东西，橱柜的门和抽屉要推拉方便，不能紧涩。

（2）耐用性

因为孩子总在不断地成长，在购买儿童家具时，要注意一下这套家具是否可以持续使用。一套好的儿童家具应该可以满足孩子各个成长时期的需要，不会因为儿童年龄的增长，而失去了作用。

（3）趣味性

好奇和好玩是儿童的天性，儿童家具要富有趣味性，集游戏、学习、实用的功能于一身，满足儿童无穷尽的好奇心和探索欲望。

（4）安全性

儿童的机体平衡能力差，所以地垫要用吸着力强的；家具不应有儿童容易碰上的突出结构；床边要有护栏，结实而且还要有一定的高度，以防在睡眠中儿童从床上坠下来跌伤，柜橱门的把手要方便儿童的握取，但不宜做得过于细小，以防儿童在奔跑中被刮伤。

（5）稳固性

儿童家具应该重心稳固，并有一定的重量，使孩子不能够轻易地举起和扳倒，如因家具不够稳而被踩翻，孩子很容易受到意外的伤害，而搁放东西的高架如被扳倒，也会砸到幼童。

（6）环保性

挑选儿童家具要注意它的用料是否环保。木质是制造儿童家具的最佳材料，取材天然而又不会产生对人体有害的化学物质。另外，儿童家具对用漆也十分讲究，所以应选用无铅无毒无刺激漆料的儿童家具。

（7）易清洗

儿童家具的实用还应包括易于清洁，幼童会把家里所有的东西当作画布，表面易于清洁的家具当然会省掉大人不少事。

6. 选择哪种类型的纱窗好？

比较常见的纱窗类型有隐形纱窗、软性磁条纱窗和传统卡式纱窗等，不同类型纱窗的优缺点如下：

（1）隐形纱窗

隐形纱窗一般为铝合金框架，铝合金的厚度分为1mm、0.8mm、0.6mm等几种，越厚的铝合金框相对越结实，越耐用；所配的纱网较流行的为玻璃纤维，它质感柔软，一般有白色、灰白及黑色，较易清洗，它的使用寿命一般为两三年，更换较为简单；另一种纱网为台湾纱，它在结实与耐磨性上有所提高，寿命较长，但价格也相对高一些。

优点：

1）可调式隐形纱窗与以往传统纱窗相比做了大量的改进，采用了大纱盒，可以促使拉合顺畅；窗纱烫边，防风扣受力时窗纱不易拉坏脱落。

2）新款纱窗还采用了双弹簧设计，拉动时平稳顺畅，其铁制的S拉手，克服了老产品太软的缺点，结实耐用性有了较大提高。

缺点：

隐形纱窗的结构较脆弱，特别是对于外开窗而言，由于拉合频繁，一般用上一两年都会出现或多或少的问题，比如纱窗拉绳容易拉断、上下拉时容易歪卡在框上不动等。

(2) 软性磁条纱窗

软性磁条纱窗就是在窗框的四周贴上磁条，纱网的四周也装有磁条，使用时把纱网吸在窗框上，不用的时候，把纱网取下来。内开窗，纱窗的副框须装在外侧，为防雨水锈蚀采用铝合金粘贴磁条制作，两根磁条对吸。外开窗副框在内侧，用铁制方管镀塑做成，一根磁条直接吸在铁框上。

优点：

软性磁条纱窗相对于隐形纱窗更加结实、密封性较好，但采光不太方便。对于外开窗，软性磁条纱窗是最好的选择。

缺点：

1）软性磁条纱窗是实用型，隐形纱窗是豪华型，外观上前者未脱去传统纱窗的外衣，不如后者有现代感。

2）隐形纱窗可随时卷起来，保证室内有充足的光线，软性磁条纱窗收放可就不那么自如了。

3）磁条换起来较麻烦：外开窗必须用铝合金副框，框上也粘有一根磁条，与纱帘上的磁条对吸，副框的磁条需由厂家来更换。

4）软性磁条纱窗的使用寿命较长，但换纱的同时也需换磁条，磁条一般三年左右就要更换一次，每扇成本要比隐形纱窗多出三四十元。

(3) 传统卡式纱窗

传统卡式纱窗是指做好纱框，用四个小插销固定在窗的外框上，不用时则卸下来，它是铁框的，只适合用在内开窗上。

优点：

传统卡式纱窗可以说是纱窗里的老字辈，它的最大优点就是结实耐用，价格适中。

缺点：

从外形看有些老旧，不太适合那些新楼盘，冬天不用时则要把它卸下来，从采光上看也不如前两种产品。

7. 选择窗帘要注意哪些要点？

在选择窗帘时，应从窗帘的样式、花色、功能等方面进行综合的考虑之后再选择适合的窗帘。

(1) 窗帘的样式

如果是落地式窗户，可以选择一种下坠式的纱帘，顶部再加上艺术轨，简洁又不失一泻千里之感。

如果是飘窗，可以采用罗马式设计，这种设计用布少，帘收起来时是层叠状，富有立体感，节省空间。

如果是普通型窗户，可以采用流行设计，装个眉头，用帘布和轻纱搭配，采用对开的形式，同样大方得体。

不同功能的窗帘样式也应有所不同。客厅的窗帘可以采用复杂而富于装饰性的样式，卧室则最好便于开合、私密性好；而像厨房、卫浴间等地则需要简洁实用、易于拆洗的式样。成功的窗帘设计能够弥补窗子大小、位置上的不足，甚至通过形状与式样的变化来引导视线，使低矮的房间显得高大。

(2) 窗帘的花色

花色就是窗帘花的造型和配色，花的造型通常是以植物花草为主。窗帘可选的颜色很多，主要有白色、红色、绿色、黄色及蓝色等。

白色系窗帘代表着清洁、高雅，白色能反射全部的光线而产生各种效果，它往往给人明亮、生气蓬勃、凉爽、高尚、纯洁之感，具有天真活泼的气息，白色和任何颜色搭配都引人注目，黑、蓝、红、紫、绿、黄、棕等色彩与白色搭配都能达到十分和谐的效果。黄色系窗帘代表着太阳美好的天气，能营造出一种年轻、快活、明朗、醒目且充满希望的气氛，由于其明度高的关系，很容易与其他颜色组合。

（3）窗帘的功能

窗帘除了用于隔开窗户内外的世界外，在居室的其他部位中也大有用武之地。

1）分隔空间的帘。在小居室内使用拉启自如的帘，可以随时改变简单的居室结构，做到一房多用，不失为一个充分开掘室内空间的行之有效的方法。

2）起遮挡作用的帘，能够自然掩饰多余的空间结构，使空间更趋完整。这类帘功能较为单一，结构也无须复杂，所以建议适当选取装饰性强的线毯、土锦等民族织物，或许效果更为强烈。

8. 不同朝向的窗户应分别选择什么类型的窗帘？

不同朝向的窗户所拥有的太阳光线会有所差异，因此，在选购窗帘时，应根据各窗户的阳光照射程度选择合适的窗帘类型。

（1）东边窗

东边的窗户适合选择百叶帘和垂直帘。

东边房间窗户的光线总是伴随着早晨太阳升起而射入，所以能迅速地聚集大量光线，气温由夜晚的凉爽快速地转为较高的温度，热能也会通过窗户金属边框迅速扩散开来。所以可以选择具有柔和质感的百叶帘和垂直帘，它们具有纱一样的质感，并能通过淡雅的色调调和耀眼的光线。

这一朝向的窗帘除了需要适应快速变化的温度，还需要在厚薄上拿捏准确——太厚则显阴暗，太薄则刺激眼球。东边的窗帘要能为早上醒来的主人准备柔和的光线，使其避免受到耀眼的阳光的刺激。

（2）南边窗

南边的窗户适合选择日夜帘。

南边的窗户一年四季都有充足的光线，是房间最重要的自然光来源，能让屋内呈现淡雅的金黄色调。但是，和暖的自然光含有大量的热量和紫外线，在炎热的夏季，这样的阳光显得有些多余。因此，目前比较流行的日夜帘是一个不错的选择。白天的时候，展开上面的帘，不仅能透光，将强烈的日光转变成柔和的光线，还能使主人观赏到外面的景色；拉开下面的帘，强遮光性和强隐秘性让主人在白天也能享受到漆黑夜晚的宁静，满足全天的光线要求。

南边窗的窗帘要能防晒、防紫外线，能将光线散发开来，有助于保护室内家

具。如果喜欢布艺窗帘，则一定要考虑纱帘和遮光帘的搭配使用。

（3）西边窗

西边的窗户适合选择百叶帘、风琴帘、百褶帘、木帘、布艺窗帘。

西晒会使房间温度增高，尤其是炎热的夏天，窗户应经常关闭，或予以遮挡，所以应尽量选用能将光源扩散和阻隔紫外线的窗帘，给家具一些保护。百叶帘、风琴帘、百褶帘、木帘和经过特殊处理的布艺窗帘都是不错的选择。

强烈的阳光会损伤家具表面的色彩和光泽，布料也容易褪色。西边的窗户要注意选择经过特殊处理的窗帘，它们可以使阳光在上面产生折射，而降低光照的强度。

（4）北边窗

北边的窗户适合选择百叶帘、风琴帘、卷帘、布艺窗帘。

北边的窗户对于追求艺术画面感的摄影师、艺术家、画家来说，是最为理想的光源。光线从北方进入家中，十分均匀而明亮，是最具情调的自然光源之一。为了使这种情调能够充分保留，百叶帘、布质垂直帘和薄一点的透光风琴帘、卷帘，以及透光效果好的布艺窗帘，都是比较好的选择。

北边的窗户最好选择高透明度的窗帘，最忌用厚厚的深色窗帘。

9. 灯具有哪些常见的类型？

常见的灯具类型有吊灯、长条状灯、投射灯、壁灯、落地灯、桌面台灯、聚光灯等。

（1）吊灯

吊灯是最普及的室内照明灯具，单一的吊灯提供了全面的背景光线，但如果安置了调光器，便会有更具弹性的效果。此外，灯罩可以改变光线品质，如果使用的是大型的开放式灯罩，可以安装上银色的冠状灯泡，这样便会将光线晕染分散一些。

（2）长条状灯

长条状灯多数被使用于厨房、浴室和车库。荧光的长条状灯管造型并不好看，因此经常被隐没在灯罩或遮蔽物下。然而，它却能够完全提供该区域所需的光线。新式密度大的灯管不但散发出的光线较细致，寿命也延长了许多。

（3）投射灯

向下投射灯与洗式投射灯这两种灯具都是嵌进天花板的卤素灯，可以用来强调房间里的特别区域。

（4）壁灯

墙上的壁灯有投射和晕染光线的多种效果，依住宅装饰的不同材质而展现不同的风貌，不管是作为背景、强调还是指示用的光源都非常合适。它们都有牵引视线的效果，往往会让房间看起来较大一些。因为这一类灯具的装饰作用远比照明功用来得明显，所以在选择时，要先看看它被安装在墙面上的效果后再做出决定。

（5）落地灯

落地灯一般由灯罩、支架、底座三部分组成，其造型挺拔、优美。落地灯的罩子要求简洁大方、装饰性强。目前，筒式罩子较为流行，华灯形、灯笼形也较多用。落地灯的支架多以金属、旋木或是利用自然形态的材料制成。

落地灯一般布置在客厅和休息区域里，与沙发、茶几配合使用，以满足房间局部照明和点缀、装饰家庭环境的需求。但要注意不能置放在高大家具旁或妨碍活动的区域里。

（6）桌面台灯

桌面台灯是一种标准的工作用照明设备，必须摆放在你所需的正确位置，或是在书桌，或是玄关桌。如果使用的是省电型灯具，便要确定它的光线反射出来的光线是均匀的，而且要不烫手、无死角。

利用半透明灯罩可让灯具散发出的光线有如日光，而开顶式灯罩则可以让光线向上投射至天花板再反射下来。

（7）聚光灯

聚光灯起强调作用，可嵌入天花板、墙面或地板，增加光线拖曳的长度。它能够在工作台面或特别物体，如画作与各式收藏品上形成一个焦点光域。无论是在厨房、起居室、工作室还是在浴室里都是强调作用极佳的光源。

10. 各个功能区域分别应选择什么类型的灯具？

为了满足生活和家居的需求，不同功能的居室，需要采用不同的灯光。

（1）客厅

要以创造温馨、柔和的气氛为目的，并有适当的照明度以满足视觉的要求。灯饰上可选用乳白色的吊灯、壁灯，在用光方面应具有较多层次。主灯最好可以调

光，用明、暗营造或明快或温馨的气氛。

（2）餐厅

应以餐桌上面悬挂较低而明亮的吊灯和天花板上分布镶嵌灯为主，除空间的基础照明外，应增加餐桌的局部照明，以方便用餐。柔和的黄光，可以使餐桌上的菜肴看起来更美味，增添家庭团聚的气氛和情调。

（3）卧室

基础照明要低，构成宁静、温馨的气氛，使人有一种安全感，可采用乳白色的或浅淡色的壁灯、台灯、落地灯，最好是能微调的灯具，随着灯光的调节，可以制造出别样的效果。

（4）书房

光线应柔和明亮，选用黄色的灯光较为适合。除桌面照明外，还应有室内基础照明，可选用白炽灯泡的台灯，避免室内光线对比强烈。最好还有一盏灯向上照明，经天花板射下来的间接灯光。

（5）卫浴间

要用明亮柔和的光线，由于室内的湿度较大，灯具应选用防潮型的，以塑料或玻璃材质为佳，灯罩也宜选用密封式，优先考虑一触即亮的光源。

（6）厨房

照明应明亮，无阴影。因水气大、灰尘、油烟较多，应采用外形简洁，容易清洗的灯具，以吸顶灯为宜。

第 11 章
物业管理

11.1 业主大会与业主委员会

1. 什么是业主？

业主是指物业的所有人，即房屋所有权人和土地使用权人，是拥有物业的主人。在物业管理中，业主又是物业服务企业所提供的物业管理服务的主体，依法享有所拥有物业的各项权利，以及参与物业管理、要求物业服务企业依据物业服务合同提供相应的管理与服务的权利。

2. 业主有哪些权利和义务

（1）业主的权利

1）按照物业服务合同的约定，接受物业服务企业提供的服务。

2）提议召开业主大会会议，并就物业管理的有关事项提出建议。如请求分配建筑物公共部分应得的利益；请求正当管理共同关心的事务；请求停止侵害、排除障碍、消除危险、赔偿损失等行为的权利。

3）提出制定和修改管理规约、业主大会议事规则的建议。

4）参加业主大会会议，并行使投票权。投票权是指业主作为投票人的权利，是按照每一位业主所拥有物业的建筑面积、住宅套数等因素来确定的。

5）选举业主委员会委员，并享有被选举权。

6）监督业主委员会的工作，如业主有对业主委员会的工作提出批评和改进建议的权利等。

7）监督物业服务企业履行物业服务合同，如监督物业管理和服务的水平、质量和收费情况等。

8）对物业公用设施设备和相关场地使用情况享有知情权和监督权。业主可以对物业公用设施设备和相关场地的使用情况进行了解，并提出质疑，要求物业服务企业给予答复和说明，对存在的问题提出改进建议并要求得到合理解决。

9）监督物业公用设施设备专项维修资金的管理和使用。

10）法律、法规规定的其他权利，包括业主有通过业主大会、业主委员会行使选聘、续聘和解聘物业服务企业的权利等。

（2）业主的义务

1）遵守管理规约、业主大会议事规则。

2）遵守物业管理区域内物业共用部位和共用设施设备的使用、公共秩序和环境卫生的维护等方面的规章制度。

3）执行业主大会的决定和业主大会授权业委员会做出的决定。

4）按照国家有关规定交纳专项维修资金。

5）按时交纳物业服务费用。

6）法律、法规规定的其他义务。

3. 什么是管理规约？

管理规约是一份由业主承诺并对全部业主有约束力的有关物业使用、维修、保养方面的权利及义务的行为准则。管理规约在2003年《物业管理条例》中被称为业主公约，2007年版的《物业管理条例》中将其改称为管理规约。

管理规约主要包含以下内容：

1）物业的使用、维护、管理。

2）专项维修资金的筹集、管理和使用。

3）物业共用部分的经营与收益分配。

4）业主共同利益的维护。

5）业主共同管理权的行使。

6）业主应尽的义务。

7）违反管理规约应当承担的责任。

4. 什么是业主大会？

业主大会是由同一个物业管理区域内全体业主组成的，是代表和维护物业管理区域内全体业主在物业管理活动中的合法权益的业主自治管理组织。《物业管理条例》第十条规定，同一个物业管理区域内的业主，应当在物业所在地的区、县人民政府房地产行政主管部门的指导下成立业主大会，并选举产生业主委员会。但是，只有一个业主的，或者业主人数较少且经全体业主一致同意，决定不成立业主大会

的，由业主共同履行业主大会、业主委员会职责。

一个物业管理区域内，当业主人数较少时，应召开业主大会。当业主人数较多时，应召开业主代表大会，代表成员由业主小组成员组成。物业管理区域的划分应考虑物业的共用设施设备、建筑规模、社区建设等因素。业主大会自首次业主大会会议召开之日起成立。

5. 业主大会有哪些权力？

业主大会有以下权力：

1）制定和修改业主大会议事规则。
2）制定和修改管理规约。
3）选举业主委员会或者更换业主委员会委员。
4）制定物业服务内容、标准以及物业服务收费方案。
5）选聘和解聘物业服务企业。
6）筹集和使用专项维修资金。
7）改建、重建建筑物及其附属设施。
8）改变共有部分的用途。
9）利用共有部分进行经营以及所得收益的分配与使用。
10）法律法规或者管理规约确定应由业主共同决定的事项。

6. 第一次业主大会召开的流程是怎样的？

第一次业主大会由第一次业主大会会议筹备组组织召开。第一次业主大会会议筹备组由业主代表、建设单位代表、街道办事处、乡镇人民政府代表和居民委员会代表组成。筹备组成员人数应为单数，其中业主代表人数不低于筹备组总人数的一半，筹备组组长由街道办事处、乡镇人民政府代表担任。

筹备组自组成之日起30日内，在物业所在地的区、县人民政府房地产行政主管部门或者街道办事处、乡镇人民政府的指导下，组织业主召开第一次业主大会会议，并选举产生业主委员会。

1）由大会筹备组成员代表筹备组介绍大会筹备情况。
2）由大会筹备组成员代表筹备组介绍业主委员候选人情况，候选人本人也可以自我介绍。

3)审议、通过《业主大会议事规则》《管理规约》和《业主委员会章程》。

4)选举产生业主委员会委员。物业所有享有投票权的已住用业主,均应按时出席业主大会,参加投票,行使法定权利,承担法定责任。业主应亲自出席业主大会并投票,或委托他人出席和投票,否则视作弃权,并应服从业主大会做出的决定。委托他人投票的,必须出具授权委托书,否则该项委托无效。授权委托书必须由业主签字,如业主为法人,须加盖法人公章。

5)审议、通过与物业管理相关的特别重大事项。在第一次业主大会上,物业的建设单位还应当做出前期物业管理工作报告,物业服务企业则应当做出物业接管验收情况的报告。

7. 什么是业主委员会?

业主委员会是指由物业管理区域内业主代表组成,代表业主的利益,向社会各方反映业主意愿和要求,并监督物业管理公司管理运作的一种民间性组织。业主委员会的权力基础是其对物业的所有权,它代表该物业的全体业主,对该物业有关的一切重大事项拥有决定权。业主委员会由业主大会从全体业主中选举产生,是经政府部门批准成立的代表物业全体业主合法权益的社会团体,其合法权益受国家法律保护。

根据2009年《业主大会和业主委员会指导规则》规定,业主委员会由业主大会会议选举产生,由5~11人单数组成。业主委员会委员应当是物业管理区域内的业主。业主委员会委员实行任期制,每届任期不超过五年,可连选连任,业主委员会委员具有同等表决权。业主委员会应当自选举之日起七日内召开首次会议,推选业主委员会主任和副主任。

8. 业主委员会有哪些职责?

业主委员会是业主大会或业主代表大会的常设机构,是业主行使自治管理权利的执行机构。业主委员会应当维护全体业主的合法权益,执行业主大会或业主代表大会的决定。

根据《物业管理条例》规定,业主委员会的职责包括:

1）召集业主大会会议，报告物业管理的实施情况。

2）代表业主与业主大会选聘的物业服务企业签订物业服务合同。

3）及时了解业主、物业使用人的意见和建议，监督和协助物业服务企业履行物业服务合同。

4）监督管理规约的实施。

5）业主大会赋予的其他职责。

9. 业主委员会的日常工作内容是什么？

业主委员会的日常工作根据业主委员会章程来决定，主要包括以下几个方面的内容：

1）了解、掌握物业管理区域、业主和使用人的基本情况，包括辖区物业面积、建筑结构、产权性质、辖区基础设施、绿化、公建配套情况，辖区周围环境、交通等情况。业主和使用人按户登记造册。

2）对原来的物业管理与服务工作做出评价，包括取得的成绩、得当的管理措施，存在的问题，收费项目和标准是否合理，并对原来的物业服务企业是否续聘或解聘提出意见，向业主大会或业主代表大会报告。

3）与物业服务企业签订物业服务合同，可参照房地产行政管理部门制定的示范文本对合同草案条款逐项进行拟订，明确双方权利和义务。物业管理的标准和收费在报送所在地区县房地产行政管理部门备案前，最好事先征求意见，然后签订合同，办理备案手续并做好公示工作。

4）管理好物业维修基金，掌握好对物业维修基金的使用权，遵循专款专用的原则，要求物业服务企业在账务上按栋立账、按户核算，在年终时可委托有资质的审计单位对专项维修基金的账务进行审计，并把结果向业主大会报告。

5）提出本辖区年度房屋修缮计划、设备维修更新计划、公共设施维修养护计划，并提出财务预算，提请业主大会或业主代表大会审议。必要时，做好物业维修基金的筹集工作。

6）督促业主和使用人遵守管理规约以及物业管理区域内的各项管理制度，协调好物业使用中业主的相邻关系，对于违章装修，协助物业服务公司进行管理。

7）做好辖区内道路场地，车辆行驶和停放，以及设置广告等方面的管理。

8）做好内部管理工作，包括起草有关物业服务规约、办法的草案，做好委员的增补选举工作，建立工作制度、会议制度和档案制度，做好办公经费的筹集和使用管理工作，做好办公用房的设置和管理工作，做好换届选举工作等。

11.2 物业管理与物业服务企业

1. 什么是物业管理？

物业是指已建成并投入使用的各类房屋及与之相配套的设备、设施和场地。各类房屋可以是住宅区，也可以是单体的其他建筑，还包括综合商住楼、别墅、高档写字楼、商贸大厦、工业厂房、仓库等。与之相配套的设备、设施和场地是指房屋室内外各类设备、公共市政设施及相邻的场地、庭院、干道。

物业管理是指业主通过选聘物业服务企业，由业主和物业服务企业按照物业服务合同约定，对房屋及配套的设施设备和相关场地进行维修、养护、管理，维护物业管理区域内的环境卫生和相关秩序的活动。

2. 物业管理有哪些类型？

物业管理的方式主要包括委托管理型和自主经营型。

（1）委托管理型

委托管理型是指由房地产开发企业、业主采用招投标或协议的方式，通过物业管理服务合同委托专业化的物业服务企业，按照"统一管理，综合服务"的原则，提供劳务商品的管理行为。

委托管理型按照自用或出租又可分为：

1）自用委托型。业主将自有自用的物业委托物业服务企业管理，这是典型的委托管理方式。

2）代理经租型。业主将自有的物业出租，委托物业服务企业经营管理，有两种委托方式：一是出租权属于业主，由业主与租户签订租赁合同，物业服务企业只

负责收租和管理；二是把经租权也委托给物业服务企业，由物业服务企业全权代表业主，招揽租户，签订租赁合同。

代理经租型的物业管理费用的收缴也有两种方式：一种是物业管理费，一般只包括基本费用，包含在租金里，由业主支付；另一种是不包含在租金里，由承租人或使用人向物业服务企业支付。

但无论是哪一种方式，都应该在合同和租约中明确规定。

（2）自主经营型

自主经营型是指房地产开发企业、业主将自有的物业不是委托给专业的物业服务企业管理，而是由自己单位内部设立物业管理部门来管理。其与委托管理型的基本区别有两点：

1）在物业所有权和经营管理权的关系上。自主经营型是二权合一，委托管理型是二权分离。

2）在法人地位上。自主经营型物业所有权人和经营人是同一个法人，委托管理型是两个各自独立的法人。

自主经营型按其对物业的使用和经营方式又可分为：

1）自有自用型。这一类大多数是收益性物业，如商场、宾馆、度假村、厂房、仓库等。这些单位往往在自己企业内部设立不具有独立法人资格的物业管理部门来管理自己的物业。

2）自有出租型。房地产开发企业、业主和物业服务企业合为一体，经营管理自己的出租物业，实质上是一个拥有自己产业的物业服务企业。

自主经营型的物业管理区域一般规模都不大。如果本单位所属的物业管理部门成为独立的法人单位，这个物业服务企业与原单位（房地产开发企业、业主）就应该订立委托管理服务合同。自主经营型也就向委托管理型转换了。

3. 物业管理主要包括哪些内容？

物业管理是一种综合性、全方位的管理和服务，其具体业务内容很多，而且比较烦琐。同时，不同类型、不同档次的物业管理的具体内容又会有所差异，主要包括管理和服务两类，管理包括房屋及设施设备管理、环境卫生管理、治安消防管理、绿化管理、车辆交通管理等。服务可分为常规性公共服务、针对性专项服务和委托性特约服务。

(1) 管理方面的内容

1）建筑公共部位维修、养护和管理，包括公共屋面、房屋承重及抗震结构部位、外墙面、楼梯间公共通道、门厅、共用排烟道。

2）小区内供水、供电、照明、电梯、空调等共用设施、设备的管理，包括上下水管道、落水管、共用照明、煤气干线、楼内消防设施、电梯、水泵房等。

3）住宅小区内市政共用设施和附属建筑物、构筑物的养护和管理，包括道路、室外上下水管道、化粪池、沟渠池、地上车库等。

4）智能化设施设备管理，包括楼宇对讲系统、用户宽带数据网系统、室内红外线报警系统、周界红外线对射报警系统、门禁及车库管理系统、电子巡更系统等。

5）卫生管理。卫生管理是对房屋公共部位的清洁、卫生、垃圾的收集、清运达到环卫设施齐全，实行标准化清扫保洁，垃圾日清，按计划消毒、灭鼠、灭虫。通过对小区的清洁卫生，区域管理的过程控制，确保向住户提供高档次的服务水准及高质量的生活场所。

6）环境管理。环境管理为小区文明洁净、环境质量良好、资源合理利用、生态良性循环基础设施健全、生活舒适便捷，形成环保意识，日常管理与保护有机结合，提高住户的生活质量。

7）绿化管理。绿化的功能是美化环境。以专业化的管理养护人员，将片区负责与巡查相结合，科学合理的保养、管理小区的绿化。绿化管理的主要内容是花木、草坪的养护。

8）消防管理。消防管理是住宅小区重点管理工作之一，应贯彻"预防为主、防治结合"的方针。

9）车辆交通管理。对小区内各类车辆（汽车、摩托车、自行车等）进出、行驶、停泊实施管理工作，确保车辆安全、交通畅通、组织有序，停放整齐，创造优美的辖区环境。

10）治安管理。包括住宅小区主入口24h执勤、监控室实行24h监控、保安巡查、对进出人员实行登记管理等。

11）收费管理。根据业主需求，提供物业服务合同之外的特约服务和代办服

务，公示服务项目和收费价目，公布物业服务费用或者物业服务资金的收支情况。

（2）服务方面的内容

1）常规性的公共服务，即物业管理处履行物业管理合同，为全体业主及住户提供的经常性服务，是所有业主及辖区内住户都可以享受到的。其主要内容包括家政服务、商务活动、礼仪服务、文化娱乐服务、老年服务等。

2）经营性的特约服务，即为某些住户群提供的服务。当住户提出其服务需求时，物业服务公司应尽力为其办妥办好。其主要内容包括日常维修装饰服务、代收代购服务等。

4. 商业物业管理主要包括哪些内容?

（1）安全保卫管理

商业物业的面积大、商品多、客流量大，容易发生安全问题。商业物业安全管理服务应为顾客提供安全、放心的购物环境，并确保商业场所的物品不被偷盗。

（2）消防管理

大型商业物业的客流量非常大，各种商品摆放较密集，而且物品种类多，这些都给消防管理工作带来较大困难。

（3）房屋及附属设备设施管理

保养好房屋、管好机电设备是经营场所管理的一项重要工作，物业服务企业对商业物业房屋及设备设施的维修养护工作是否到位，直接关系到商业物业是否能够正常营业。

（4）清洁卫生管理

大型商业物业客流量大，产生垃圾、杂物多，保洁工作任务繁重，困难较大。所以，搞好商业物业内外的绿化和美化也是物业服务的重要工作内容。

（5）车辆管理

商业物业的车辆来往频繁、停留时间较短，停车是否方便、交通是否便利直接关系到商业物业的经济效益。所以，物业服务企业对来往车辆的疏导管理是商业物业服务工作的重要组成部分。

（6）对小业主或承租商的管理

统一产权型的公共商用楼宇，因为其经营者都是承租商，可以在承租合同中写进相应的管理条款，对承租户的经营行为进行规范管理，也可以以商场经营管理规约的形式对他们进行管理引导。对于分散产权型的公共商用楼宇，一般宜采用管理规约的形式，明确业主、经营者与管理者的责任、权利和义务，以此规范双方的行为，保证良好的经营秩序；也可由工商部门、物业服务公司和业主、经营者代表共同组成管理委员会，由管理委员会制定物业管理条例，对每位经营者的经营行为进行约束，以保证良好的公共经营秩序。

（7）商业形象的宣传推广

商业物业物业服务的一项重要工作，就是要做好楼宇商业形象的宣传推广，扩大商业物业的知名度，树立良好的商业形象，以吸引更多的消费者。

（8）商铺广告管理

承租客商为了树立企业形象，追求经济利益，大多采取在商铺主体周边与商铺内部悬挂醒目的招牌、广告牌、条幅，张贴宣传品的宣传和促销方式。物业管理处为了规范商铺的环境秩序和整体形象，在支持客商宣传活动的同时，必须加强商铺的广告宣传管理。各铺位上的宣传广告（包括灯光广告、灯饰、条幅、张贴、悬挂品等）要和商业物业整体设计相协调，这就要求承租客商的广告设计必须经过物业管理处审核，以做到管理有序，不破坏商业物业的整体设计格调。

（9）商铺经营服务管理

在和物业服务公司所签订的物业服务合同中，商场往往会把商场经营管理范畴的租赁管理、广告筹划、新项目开发同时委托给物业服务公司，以配合其经营管理。

（10）商铺业户服务管理

商铺业户服务管理主要包括：

1）接待与联系。接待与联系是指物业服务公司倾听业户的建议和意见，接受投诉，安排维修和回访，收取管理费与内外联系等。

2）纠纷、投诉处理。纠纷、投诉处理是指物业服务公司对顾客在商业物业购物因环境服务因素而来投诉进行处理和记录。

3）报修接待。报修接待是指物业服务公司对业户报修进行记录，并派维修工到现场抢修。

4）走访回访。走访内容包括：

①听取业户和商铺方对物业管理服务的意见、建议。

②对报修后的维修结果进行回访。

③对业户的礼仪、形象、环境、广告、装潢等方面的不足之处做出提示、督促改进。

④内外联系：

a.内部联系。内部联系是指物业服务公司向业户收取租金、管理费、水电能耗费、铺位的报修抢修费等；向商铺收取物业管理费、能耗费。

b.外部联系。外部联系是指物业服务公司要处理好与街道、居委会、派出所等在业务上的联系。

5. 什么是物业服务企业？

物业服务企业是指按照物业服务合同的约定，专门进行房屋及配套的设施设备和相关场地的维修、养护、管理，维护物业管理区域内的环境卫生和秩序，为业主和使用人提供服务的企业。物业服务企业应当具有独立的法人资格，自主经营、独立核算、自负盈亏、独立承担民事责任。

物业服务企业的性质和物业管理的性质是分不开的，物业管理属于服务性行业，同时又是经营性的行为，因此，物业服务企业既是服务性机构，又是经营性的企业组织。它不像传统的房管单位是以物业产权所有者和管理者的身份来管理物业，它是以盈利为目的的企业。

按隶属关系划分，物业服务企业可分为：

1）由房地产开发企业成立的物业服务企业。

2）单独成立的物业服务企业。

3）由房地产管理部门附属房管所改制的物业服务企业。

4）由机关、企事业单位房管部门改制的物业服务企业。

6. 物业服务企业有哪些权利和义务？

（1）物业服务企业的主要权利

1）物业服务企业应当根据有关法律法规、物业服务合同和物业管理区域内物业共用部位和共用设施设备的使用，公共秩序和环境卫生的维护等方面的规章制度，结合实际情况，制定管理办法。

2）按照物业服务合同和管理办法实施管理。

3）按照物业服务合同和有关规定收取物业服务费用。

4）有权制止和向有关行政主管部门汇报违反治安、环保、物业装饰装修和使用等方面法律、法规和规章制度的行为。

5）有权要求业主委员会协助履行物业服务合同。

6）可以根据业主的委托提供物业服务合同约定以外的服务项目。

7）可以接受供水、供电、供热、通信、有线电视等单位的委托代收相关费用。

8）有权将物业管理区域内的专项服务业务委托给专业性服务企业。

9）经业主大会的允许，可实行多种经营。

（2）物业服务企业的主要义务

1）物业服务企业应当按照物业服务合同的约定，提供相应的服务。

2）物业服务企业未能履行物业服务合同的约定，导致业主人身、财产安全受到损害的，应当依法承担相应的法律责任。

3）物业服务企业承接物业时，应当与业主委员会办理物业验收手续。

4）物业管理用房的所有权依法属于业主。未经业主大会同意，物业服务企业不得改变物业管理用房的用途。

5）物业服务合同终止时，物业服务企业应当将物业管理用房和竣工总平面图、单体建筑、结构、设备竣工图、配套设施、地下管网工程竣工图等竣工验收资料交还给业主委员会。

6）物业服务合同终止时，业主大会选聘了新的物业服务企业的，物业服务企业之间应当做好交接工作。

7）物业服务企业可以将物业管理区域内的专项服务业务委托给专业性服务企业，但不得将该区域内的全部物业管理一并委托给其他企业。

8）对物业管理区域内违反有关治安、环保、物业装饰装修和使用等方面法律、法规规定的行为，物业服务企业应当制止，并及时向有关行政管理部门报告。

9）物业服务企业应当协助做好物业管理区域内的安全防范工作。发生安全事

故时，物业服务企业在采取应急措施的同时，应当及时向有关行政管理部门报告，协助做好救助工作。

10）物业服务企业雇请保安人员的，应当遵守国家有关规定。保安人员在维护物业管理区域内的公共秩序时，应当履行职责，不得侵害公民的合法权益。

7. 物业服务企业与业主委员会之间是什么关系？

业主大会及业主委员会和物业服务企业的关系是平等的，是委托与受托的关系。签订合同前，双方可以双向选择；合同签订时，对于管理目标、要求和费用，双方都要协商，协商取得一致才签约。其间双方没有隶属关系。在法律上，业主委员会有委托或不委托某个物业服务企业的自由，物业服务企业也有接受或不接受委托的自由。

1）业主委员会根据物业服务合同，应及时听取业主和使用人的意见和建议，发现问题及时向物业服务企业进行反映，物业服务企业应主动向业主委员会了解意见，改进自身工作，不断提高物业管理水平。

2）物业服务企业在制定物业管理区域内的年度房屋维修计划、设备更新改造计划、公共设施维修养护计划时，应主动、认真地听取业主委员会的意见，并在与业主委员会达成共识的基础上提交业主大会讨论，这样做有利于各项计划的批准及在下一个年度的顺利实施。

3）当业主或使用人对物业管理工作有意见时，物业服务企业应及时改进工作，如有困难应向业主委员会通报，以求得其理解。如果由业主委员会出面向业主或物业使用人进行解释、引导、宣传、进行有效沟通，更容易使大家理解，化解矛盾，有利于物业服务企业开展工作。

4）物业服务企业在组织开展文体娱乐活动时，应当争取业主委员会的理解和支持，这样有利于做好动员和管理工作。

5）在日常工作中，物业服务企业应定期或不定期地向业主委员会汇报工作，以确保物业服务合同的履行。将以高服务水平为中心的计划和重要措施及时地向业主委员会通报，让业主委员会全程了解物业服务企业对业主或物业使用人良好、积极的态度，全程了解物业服务企业搞好各项工作的愿望和成果，这样有利于增强业主委员会对物业服务企业的认识，便于协助物业服务企业开展工作及修订物业管理的各项制度，有利于物业服务企业的续聘。

8. 物业服务合同主要包含哪些内容？

根据《物业管理条例》，业主委员会应当与业主大会选聘的物业服务企业签订物业服务合同。物业服务合同主要包括以下内容：

1）双方当事人的姓名或名称、住所。

2）管理项目，即接受管理的房地产名称、坐落位置、面积、四至界限。

3）管理内容，即具体管理事项，包括：房屋的使用、维修、养护、消防、电梯、机电设备、路灯、自行车房（棚）、园林绿化地、沟、渠、池、井、道路、停车场等公用设施的使用、维修、养护和管理；清洁卫生；车辆行驶及停泊；公共秩序；房地产主管部门规定或委托管理合同规定的其他物业管理事项。

4）管理费用，即物业服务企业向物业产权人或使用人收取的管理费。物业管理的收费情况比较复杂，不同的管理事项，收费标准也不同。有的收费项目是规章明确规定的，如季节性的供暖收费。有的收费项目是洽商决定的，如停车费等，应当在合同中明确规定。

5）双方的权利和义务。

6）合同期限，即该合同的起止日期。

7）违约责任，双方都应切实履行合同中约定的义务，如果双方中有任何一方违反合同的约定，则应承担违约责任。

8）其他，双方可以根据各自的需要在合同中约定其他事宜，如调解与仲裁，风险责任，合同的更改、补充与终止等。

9. 什么是物业管理服务费？

物业管理服务费是指物业产权人、使用人委托物业服务企业对居住小区内的房屋建筑及其设备、公用设施、绿化、整治及提供与居民生活相关的服务所收取的费用。

物业管理服务费主要用于以下项目的支出：

1）公共物业及配套设施的维护保养费，包括外墙、楼梯、小区围墙、停车场、自行车库、路灯、消防系统、保安系统、公共天线系统、配电系统、给排水系

统、供热系统、高层建筑的电梯、小区的水处理系统、高档住宅集中通风空调系统及其他机械、设备、机器装置及设施等。

2）聘用管理人员的薪金，包括人员的工资、津贴、福利保险及服装费等。

3）公用水电的支出，包括公共照明、物业公司办公用水用电、公共喷泉用水用电、公共绿地的灌溉。

4）购买或租赁必需的机械及器材的支出。

5）投购物业财产保险（如火灾或其他灾害的保险）及各种责任保险的支出。

6）垃圾清理、水池清洗、化粪池清掏及消毒灭虫等费用。

7）公共地点清洁费用。

8）公共区域绿化及草木维护费用。

9）储备金，指物业配套设施的更新改造费用。

10）聘请法律、会计等专业人士的费用。

11）住宅小区内节日装饰费用。

12）行政办公支出，包括文具、办公用品等杂项以及公共关系费用。

13）公共电视接收系统及维护费用。

14）其他为管理而发生的合理支出。

10. 物业管理服务费的收费标准是怎样的？

根据《城市住宅小区物业管理服务收费暂行办法》规定，物业管理服务收费根据所提供服务的性质、特点等不同情况，分别实行政府定价、政府指导价和经营者定价。为物业产权人、使用人提供的公共卫生清洁、公用设施的维修保养和保安、绿化等具有公共性的服务以及代收代缴水电费、煤气费、有线电视费、电话费等公众代办性质的服务收费，实行政府定价或政府指导价，由省、自治区、直辖市物价部门根据当地经济发展水平和物业管理市场发育程度确定。凡属为物业产权人、使用人个别需要提供的特约服务，除政府物价部门规定有统一收费标准者外，服务收费实行经营者定价。

实行政府定价和政府指导价的物业管理服务收费标准，由物业服务企业根据实际提供的服务项目和各项费用开支情况，向物价部门申报，由物价部门征求物业管理行政主管部门意见后，以独立小区为单位核定。实行政府指导价的物业管理服务收费，物业服务企业可在政府指导价格规定幅度内确定具体收费标准。实行经营者定价的物业管理服务收费标准由物业服务企业与业主委员会或产权人代表、使用人代表协商议定，并应将收费项目和收费标准报当地物价部门备案。

经物价部门核定的或由物业服务企业与业主委员会或物业产权人代表、使用人代表协商议定的收费项目、收费标准和收费办法应当在物业管理合同中明文约定。物业管理服务收费实行明码标价，收费项目和标准及收费办法应在经营场所或收费地点公布。物业服务企业应当定期（一般为六个月）向住户公布收费的收入和支出账目，公布物业管理年度计划和小区管理的重大措施，接受业主委员会和物业产权人、使用人的监督。

11. 什么时候应当开始交物业管理服务费？

商品房买卖合同对房屋交接的程序做了约定和规范，如要求房地产开发企业要在房屋交付时，向购房者提供房屋验收合格的证明；所购商品房为住宅的，房地产开发企业还需提供《住宅质量保证书》和《住宅使用说明书》。房地产开发企业不出示证明文件或出示证明文件不齐全，购房者有权拒绝交接，由此产生的延期交房责任由房地产开发企业承担。如果房屋已经交付，则无论业主是否实际居住，有关的物业管理费也理应交纳，因为无论业主是否实际居住，物业服务企业有许多物业服务均已提供（如保安、保洁、园艺等）。

12. 如何划分物业服务企业和业主的维修责任？

业主作为物业的所有权人，应对其所有的物业承担维修养护责任。因此，房屋的室内部分，即户门以内的部位和设备，包括水、电、气、户表以内的管线和自用阳台，由业主负责维修。房屋的共用部位和共用设施设备，包括房屋的外墙面、楼梯间、通道、屋面、上下水管道、公用水箱、加压水泵、电梯、机电设备、公用天线和消防设施等房屋主体共用设施，由物业服务企业组织定期养护和维修。住宅区内的水、电、煤气、通信等管线的维修养护，由有关供水、供电、供气及通信单位负责，维修养护费由有关业务单位支付。但是，物业服务企业与有关业务单位另有约定的，按双方约定确定维修责任。

业主可以自行维修养护其自用部分和自用设备，也可以委托物业服务企业或其

他专业维修人员代修。由于业主拒不履行维修责任,致使房屋及附属设施已经或者可能危害毗连房屋安全及公共安全,造成损失的,业主应当赔偿损失。人为造成公用设施损坏的,由损坏者负责修复;造成损失的,应当赔偿损失。

第 12 章

房产投资

让你成为房产专家

12.1 投资要诀

1. 如何选择最佳的购房投资时机?

购房者可以根据以下几个指标来选择合适的介入时机:

(1) 国家经济增长率

一个国家的经济增长水平,反映了国家的发展速度和景气程度。经济增长率高且持续发展,必然会刺激房地产业的快速发展,使房地产的建设和成交量十分活跃,新楼盘不断涌现,有效供给不断增加,使房地产业一片繁荣,特别是国家把房地产业作为经济增长点和国民经济的支柱产业后,必然会在政策上予以支持,使商品房大量上市,给购房者以充分的选择余地,可以用相对较低的投入获得比较满意的住房。

(2) 银行利率

在买房时,购房者大都离不开银行的支持,特别是工薪族大多利用银行贷款购房。如果银行降息,住房贷款无论是公积金贷款还是银行按揭利率都是比较低的,主要目的是刺激消费,此时购房在利率上无疑是最合算的。

(3) 房企销售量

一般来讲,不管是现房还是期房,如果销售量不到30%,那么房地产开发企业的成本还没有收回,在销售业绩不佳的时候,房地产开发企业有可能降低房价。若销售量已达50%,表明供销平衡,房价在一定时间内不会变化,如果已经卖出70%表明需求旺盛,有可能涨价,当卖出90%以后,由于房地产开发企业想尽快发展其他项目,房价可能会稍有回落。

(4) 房屋空置率

空置率是与销售率相反的指标。当空置率为90%时,价格比较合适,但也要付出一定的代价,如装修噪声、装修垃圾、服务不配套、服务不完善、交通不便利等诸多不便。当空置率为50%时,购房置业既能获得较好的价格,又能享受房地产开发企业、物业管理公司努力提高居住品质的成果,是最佳入市时机。当空置率为30%时,应迅速购房置业以免房地产开发企业因提高居住品质的投入而提价。

(5)通货膨胀率

购房者要努力回避通货膨胀的盘剥,就要把握好三率——银行存款利率、银行按揭利率、通货膨胀率,进行综合比较。

2. 如何判断房产的投资价值?

影响房产的投资价值的因素是多方面的,一般来说,购房者可以从以下几个方面来判断所要购买的房产是否具有投资价值:

(1)地段

挑地段,既要看它现在的状况,也要看它将来的发展前景。

(2)区域规划

随着房产市场区域化现象日益明显,区域未来的规划对房产影响至关重要,尤其是交通改造与商业配套建设对区域住宅市场的影响更为突出。区域关注度会为区域房产发展带来新的契机。

(3)交通

现代城市的发展,交通体系是经济发展的命脉。综合立体的交通体系,便捷畅通,公路、地铁、主干道通往机场、市区的距离都是人们选择物业所关注的。

(4)周边环境

周边环境包括生态环境、人文环境、经济环境。任何环境条件的改善都会使房产升值。

(5)物业管理

物业管理的水平会直接影响租金的高低。另外,有些物业管理公司也有代业主出租的业务。因此,在购房时,应将物业管理公司的资质、信誉和服务水平加以重点考虑。

(6)社区背景

每一个社区都有自己的背景,特别是文化背景。文化层次越高的社区,房产越具有增值的潜力。比如外国人喜欢聚居在使馆区周围的公寓、住宅,其文化背景使得使馆区周围的外销公寓很受青睐。

(7)配套设施

很多小区的配套设施是逐步完成的,配套设施完善的过程,也就是房屋价格逐

渐上升的过程。

(8) 房屋品质

要特别注意对影响房屋品质比较敏感的因素，如布局、层高、建筑质量等。

(9) 期房合约

投资期房具有很大的风险，但一般来说，风险大，收益也大。

购买期房时要挑选有实力和信誉的房地产开发企业，这样可以保证能够按期拿到合乎标准的房子，或者万一出现房地产开发企业违约的情况，也能够保证资金的安全和获得房地产开发企业付给的违约金。

(10) 供应套数

以自住客户为主，建在城郊的普通住宅以大区块为好，大社区的配套比较完善。市区内的高档住宅则相反，套数少则意味着更少的人分享健身、购物、餐饮等不对外开放的私人会所；意味着业主出租以求回报时竞争更少；意味着更精致、更珍贵。

(11) 售价及付款方式

相对来说，售价高的房屋不划算。另外，对于付款方式，按揭成数越大，时间越长，每月还贷压力越小。

(12) 区域租金水平及空置期

区域租赁市场的租金水平及空置期等都是从侧面衡量区域房产是否具备投资价值的重要标尺。如果一个区域房屋租金处于相对低位，而售价过高，那么投资该区域房产将具有较大的风险，除非该区域将来有重大交通改造或商业配套等利于区域房屋租金上调的利好因素；而如果区域房产租金较高，但空置期较长，也将会对房产的投资价值造成影响，但也要考虑将来是否有诸如大型企业落址等带动区域租赁市场人气的利好因素。

(13) 楼龄

对于二手房，其楼龄的长短决定着房屋的价值，同时也直接决定着房屋的使用时间，超过一定年限的二手房其价值必然会大打折扣。

购房者一般可以通过不动产权证查看房屋的楼龄，但像房改房，其土地一般是政府划拨的，不像商品房，在土地证上标示出土地明确的使用年限。房改房只有在上市成交变成私房，并补交土地出让金后，按照补交出让金的时间开始计算70年使用年限，但这并不代表这样的房改房就成了新房子。重新计算使用年限，表示业主可以在70年以后，才需要补交新的使用地价。因此，从房改房房产证的使用年限上是看不出真实楼龄的。购房者可以参考以下方法加以辨别：

1）从房子的外立面来分辨楼龄，通过外墙使用的材料可以大概看出其楼龄。1988年以前，房子基本上都是水泥外面，即俗称的涂灰楼；1988年至1992年间修建的房屋大多采用了石米外墙，用凹凸不平的石粒做墙面，灰白相间；1993年至1996年间，房子开始用马赛克装饰外墙，房子看起来比较细致、整洁、易清洗；1996年以后，房地产开发企业在修建房子时非常重视外观，各式各样的条形砖、玻璃外墙等开始采用。

2）根据房屋构造的特征来分辨楼龄。20世纪五六十年代是新建住宅起步阶段，由单位自建职工宿舍。这些年代的房屋最显著的特征是层高较高，约为3.2m，砖混结构。客厅带着卧室，厕所挨着餐厅、厨房，所谓户型就是把所有的功能空间尽量塞在一套房子里。社区配套设施不太齐全，预留电容量较小。当然，在近几年的翻修改造中，电等问题大多已经解决。

20世纪80年代的房屋，由于改革开放加快经济发展，一方面注重土地利用的经济、社会和生态效益，另一方面引进先进的建筑科学技术，按照城区发展规划，区内房屋建筑更新有大动作。一批现代高层建筑纷纷建成，开始改变历史遗留的房屋建筑构成和分布格局。由于在修建时并不注重厅的功用，因此最明显的特征是厅小，多为用预制板修建的六层板楼，两居室面积多在50m^{2}左右，户型陈旧，在权属上大多为房改房。

20世纪90年代的房屋，无论是房屋内部的结构，还是居住小区的环境，都发生了巨大的变化。在户型设计上开始出现厅的概念。这时候的房屋户型较新，居民主要关注的是住房面积，新建的房子大概平均只有80m^2，讲究大客厅、双卫、一梯两户等，并且客厅也在14~15m^{2}之间，由于讲究社区及商业配套的概念，因此在周边环境与配套设施上较20世纪七八十年代的房屋完善许多。

3）可以访问周围的邻居、街道以及物业管理公司。

4）可以在与业主签订的转让合同中约定，如果房屋的实际建造年限与业主所述不符，业主应承担违约责任。

让你成为房产专家

3. 如何粗略估算二手房的价格？

在投资购买二手房前，购房者可以先对二手房的价格进行粗略的估算。一般来说，影响二手房价格的主要有楼龄、户型、楼层、朝向、装修、物业管理、位置、小区环境、配套等因素，购房者应综合各种因素来估算房屋的价格。

（1）楼龄

房屋装修完毕后，就进入了折旧期，每年的折旧率为2%左右。

（2）户型

市场上最受购房者喜欢的户型以正规的两室、三室为主，反之形状不规范的异形户型，或套型过小、过大的户型等，都会让房价降低，一般减去5%~10%。

（3）楼层

楼层的好坏也直接影响房价的高低，处于中间部位的房屋最好卖，一般会增加3%，楼层越高或越低楼层的房屋售价会相应减少1%~5%。如果底楼带有户外花园，或顶楼带有屋顶花园，价格可能更高些。

（4）朝向

朝向价值从高到低一般为东南、西南、东北、西北。南北朝向的房子最受欢迎，东西朝向及其他朝向的房子由于室内的通风、采光性能不是很好等原因，需减去2%~5%。

（5）装修

装修时间在5年以内的房屋，如果装修质量较高，则需增加10%；如果装修时间超过5年或只是简单装修，当初成本耗费不大，增加比例稍微降低。

（6）物业管理

建筑年代在1995年左右或是单位的宿舍区，大多数没有正规的物业管理，一般情况下要减去3%~5%。

（7）位置

房屋临街会降低房屋的售出价格，而所处位置较好、居住环境幽静的房屋，其价格就会偏高，且增幅在15%左右。

（8）配套

房屋周边配套包括交通情况、医疗、教育、购物和餐饮等配套基础设施。通常情况下，如果房屋周边部分设施配备不齐或缺失，则按相应比例减少5%~15%，有重点中、小学的要加上15%。

（9）小区

在同一地段，二手房的小区环境一般会逊色于新住宅区，根据小区平面布局、设施、绿化、运动设施的配备以及房屋的外观造型等情况，需减少3%~5%。

4. 房产投资有哪些收益方式？

购房者投资房产获取收益的方式主要是租金收益和增值收益。

（1）出租获取租金收益

出租房屋是安全与获利的最佳结合，既保留了房屋的产权，又能每月收取租金；既考虑了长远增值利益，又兼顾了眼前租金利益，特别是地段、环境、户型好的房屋，出租更稳妥。地段是租金高低的主要决定因素，但房屋的装修情况和屋内配套设施是否齐全也会对租价造成影响，一般承租人都愿意选择带简单装修，家电配置（如彩电、冰箱、空调、热水器等）较为齐全的房屋。

（2）出售获取增值收益

购买者购买房屋并适当装修、装饰后出售，通过房屋的升值空间来获得利润。这要求购房者具备一定的房地产专业知识，能敏锐地判断出房屋建造质量、实用价值和增值潜力。所以，价格相对较低、又是现房的空置商品房对于选择这种投资方式的购房者来说，投资风险会大大降低。

12.2　别墅投资

1. 为什么说投资别墅前景好？

别墅兼有投资、度假、自住的功能，一直以来都是地产投资的热门选择，很多投资者都是出于资产保值、防通货膨胀的考虑购置别墅。

由于别墅具有稀缺性、保值增值潜力大、出售速度快等特点，越来越多的投资

者倾向于投资别墅。

(1) 别墅具有稀缺性

供求关系决定着价格走向，越是稀缺的物业形态，升值幅度越乐观可期。过去因政策导向大量普通住宅、中小户型和保障性住房的出现，突出了别墅产品的稀缺性。

(2) 别墅的保值增值潜力大

别墅比普通住宅和商业产品更具投资价值。别墅占领城市最好资源和地段及配套，且具有投资、度假、自住三重功能，不仅可保值和增值及减少利润流失风险，最关键的是不会随调控和市场变化而贬值。

(3) 别墅的出售速度快

越是有实力的买家，对价钱的敏感度越低。这类买家在对住宅进行选择时，并不会对楼价有过多的挑剔，相反，他们往往特别注重其投资前景以及物业的租值回报，极少跟投资者还价，做出决定也很迅速，成交快。

2. 别墅投资要关注哪些要点？

在购买别墅时，要重点关注别墅所处的地段、周边资源情况、内部功能与质量等。

(1) 地段

房产能否升值，所在区位是一个非常重要的影响因素。看一个区位的潜力不仅要看现状，还要看发展，买别墅的投资者要综合考虑别墅板块在所在城市的地理位置、居住舒适性、治安状况和花园占地面积等情况。同时也应当对自身的居住特点、工作性质、生活、娱乐、休闲、家庭状况、个人喜好等多种因素进行综合分析，全盘考虑。

(2) 周边资源

知名别墅或依山，或临水，或傍湖，均以对稀缺资源的占有获得高端人群的青睐。拥有绝版的山水景观资源、便捷的交通、齐全的生活配套，这样的地段无论健康价值还是生活舒适度均无与伦比。无可复制的自然山水，让位于这类地段的物业显得异常珍贵。

资源可以提升别墅的价值，资源包括不可逆的景观资源、文化资源以及相关配套资源。借助这些资源建造的别墅,其价值超越了别墅本来的价值,与自然、文化、配套相关联,其投资价值是无限的。

(3)内部功能与质量

别墅的楼高为二层(或三层)加阁楼(或者地下室)比较合适,容积率不能太大。在户型设计上,别墅既应考虑家庭成员的不同需要,又要保证户内的私密性,即使三代同堂也互不干扰。除常规的居室设计外,最好有双主卧附带卫生间,面宽在5m以上,以便给重要亲属提供主人感觉。一层最好有一个卧室,作为客卧或老人房。二层有家庭厅,晚睡的年轻夫妇和孩子可在此消磨时光,不至于影响楼下老人的休息。

另外,投资二手别墅的投资者更应注重建筑质量,包括房屋的内外部结构是否做过改动;室内装修如何;了解房内管线的走向、承重墙的位置等,从墙体、地面,到门窗、管道,每个细节都要认真观察。

12.3 商铺投资

1. 投资哪种类型商铺好?

按所处的位置,商铺可分为商业街商铺、商务区商铺、专业市场商铺、超市内商铺、社区商铺、学校周边商铺等。投资者应根据自身的投资能力、风险承受能力并结合不同类型商铺的特点来做出投资选择。

(1)商业街商铺

商业街商铺是指平面按照街的形式布置的单层或多层商业房地产物业,其沿街两侧的铺面及商业楼里面的铺位都属于商业街商铺。这类型商铺在初期投资回报并不高,但一旦成熟则升值极快,投资风险相对较高。在市场未成熟的情况下,难以把握其走势,这时应当关注的是商业街的经营管理情况,如开发单位是否进行统一管理,是否有重量级品牌入驻。如果切实可行,才适宜投资。

商业街商铺的投资回报率高,风险也会相应增加。虽然租金收入高,但其价格

已经被抬升到一个很高的价位区间。如果盲目入市，存在巨大的套牢风险。

(2) 商务区商铺

商务区商铺是指在商务写字楼内的诸如酒吧、裙楼商铺、俱乐部等用于商业用途的商业空间。这类商铺规模有大有小，其投资价值在很大程度上依赖于顾客的消费能力和档次，而这又与商务区的档次紧密相关。一般来说，CBD商务区的消费能力相对较高，其商铺投资价值也很大。从城市的发展看，每个城市的CBD商务区规划都非常有限，因此特别适合一些现代商贸服务行业入驻，如酒吧、咖啡馆、健身健美中心、美容美发厅、高级餐厅等。

(3) 专业市场商铺

专业市场商铺是指进行综合商品批发、零售、经营的商业楼宇的内部铺位。投资这类商铺，需要重点把握的是这一行业在区域内的市场情况，目前是否已有同类型的商铺出现，是否面临激烈的市场竞争，商铺周边的环境（交通、商业氛围、人群）如何，如果行业在区域内市场属于空白点或者市场需求仍然很大，有极大的发展空间，则适宜投资。

专业市场商铺是商铺中投资回报率较高、较稳定的品种。但其对投资者的要求也更高，最好能具备相应的专业背景，才能清楚各专业市场在业界的地位并准确选择具体项目。另外，投资专业市场的关键是看专业市场的经营是否稳定，而经营稳定的保障在于周边专业市场的经营氛围是否成行成市。因此，投资专业市场需要了解及研究专业市场周边的经营氛围等。

(4) 超市内商铺

超市一般是区域内居民日常消费的集中地，具有人气旺盛的优势。投资这类商铺，除了考虑超市的辐射范围和相关社区的消费能力外，超市自身的良好知名度和经营管理也非常重要。大型超市内的商铺大多是分割型的，较独立商铺来说成本要低，经营灵活，因此风险也较低。

(5) 社区商铺

投资社区商铺主要是看住户的潜在消费能力，同时，也要关注小区周边兴起的购物中心的强烈竞争等。

(6) 学校周边商铺

投资学校周边商铺要选择靠近学校大门或位于学生上学、放学必经之路两侧的商铺，并选择与学生学习、生活息息相关的行业，如小食店、杂货店、精品店、文具店或书店等中档消费的行业，这样能更贴近主力消费市场的需求和经济承受能力。

2. 商铺投资要注意哪些要点？

投资者购买商铺的目的在于通过出租赚取收益，同时作为资金保值升值的手段。为了能买到租金回报率高且升值潜力大的商铺，投资者可以参考以下几个选择要点：

（1）选择好的地段

好的地段人流量大，居住市民的消费力高，同时所在商圈的成熟度与繁荣度也好。人气越旺，人流量越大越多，商铺价值就越大。

选择成熟商圈的商铺可以较大程度地降低投资风险，对于讲求稳妥的投资者而言是一种理想的选择，虽然投资的资金要高一些，但它带来的回报可能更快、更高。而对于新兴城区的商铺来说，房地产开发企业为了吸引投资者，其商铺的升值部分尚留有空间，关键在于投资者对未来发展的判断是否准确。所以，具有升值空间的商铺较适合于眼光敏锐的投资者。综合来讲，投资商铺应选人流多的地段，如商业区、校园区、成熟社区等。

（2）选择品牌房地产开发企业

具有丰富开发经验的房地产开发企业在物业项目选址和物业类型定位时，是经过长期调研和反复研究的，并对市场前景进行了充分的评估。

投资者要了解购铺合同与返租合同是否不可分割，一旦租金断付经营承诺谁来履约和担责，是否可以马上办理产权证，是否属于合法性销售等，这些问题都要清晰化，并且尽可能在合同中有所体现。而选择品牌房地产开发企业相对来说会更有保障。

（3）选择政府规划发展区域

投资者要了解政府的相关政策和市政规划，因为城市发展规划或政府招商引资项目是影响商铺地段价值的重要因素。在城市及商业的改造上，投资者要对商业的流向有清晰的判断，这样的投资才会更有胜算。

（4）选择合适使用率的商铺而非高使用率商铺

使用率即使用面积占总建筑面积的比率。对于住宅来说使用率越高越好，因为以同等的价格，业主能够获得更多自己实际使用的面积。而商铺却不一样，因为使

用率的高低会对商场的经营产生不同的效果。

首先,使用率低是为了营造一种舒适的购物环境,满足购物者的消费偏好。因此越是高档商场,其公共空间就会越多。比如走廊、通道要足够宽,至少3m宽,每层至少要有两部扶梯、两部电梯运载。还有的商场会设计有宽敞的休息区、局部挑空空间、步行街,这些公共面积的设计都是为了使购物环境更加舒适。舒适的购物环境会极大地刺激购物者的消费冲动,而嘈杂拥挤的购物环境只会使人望而却步。

其次,商铺的使用率决定了消费人群的容量和人流量。商场的空间是有限的。使用率高,可容纳消费者的空间自然就减少了,其人流量就会受到限制,从而影响商场的经营效果。

因此,投资者在选择商铺时,不要盲目追求高使用率,一般50%左右的使用率是比较合适的。

(5) 选择建筑结构好的商铺

建筑物的结构直接影响着商铺的价值,建筑物的结构多种多样,理想的商业建筑结构为框架结构,或者大跨度的无柱类结构,这些结构的优点是:展示性能好,便于分隔、组合,利于布置和商品摆放。

(6) 选择合适的投资时机

从总体上说,经济形势良好、商业景气、商业利润高于社会平均利润的时期,未必是投资商铺的最佳时机,因为此时投资者选择商铺的空间很小,而且获得商铺要付出的成本很高。反之,在有发展潜力的区域,商业气候尚未形成或正在形成中,投资者可以在较大的范围内选择商铺,需要付出的成本也就相对较低。

3. 商铺投资有哪些风险?

商铺的投资价值高,但同时其投资风险也大,投资者投资商铺时应避免存在以下问题:

(1) 产权问题

1) 投资者在购买商铺时,一定要查明该房产是否具有房屋出售许可证等证件。

2) 了解商铺的土地使用年限。商铺一般可分为两类:一种是商住综合用地,其土地使用年限为50年;另一种是商业用地,土地使用年限为40年。购买二手商铺时尤其要注意看清土地使用年限。有的二手商铺在挂牌出售时,实际已经使用了十几年甚至二三十年，剩下的使用年限就很少了。年限到期后，还需交纳土地出让金。

3) 目前市场上大多数商铺的土地使用权性质为出让，但也有部分商铺的土地使用权属划拨性质。特别是一些单位自建房的底楼店面。购买这类店面时要了解清楚土地是出让还是划拨。如果是划拨性土地，就需要交纳土地出让金。

4) 有些商铺是由住宅改造而来，不动产权证上注明的是住宅用地。但有些二手商铺出售时很可能按商铺出售，对此投资者在购买的时候要特别注意。

5) 有的商铺在出售时，产权证上注明的面积可能会跟实际使用面积不符，购买时要看清产权证上的面积。

6) 如果是投资二手商铺，投资者在购买之前应先确认该商铺是否抵押、是否受司法限制、是否是商业用途等。

（2）房地产开发企业经营管理能力差

房地产开发企业经常会以售后返租的形式吸引投资者购买小产权商铺。受高返租诱惑，一些投资者觉得有利可图便投资。但如果房地产开发企业自身缺乏商场运营经验，很难保证年度返租的完成。而一旦资金吃紧，房地产开发企业就撒手不再经营，不继续履行合同。

（3）选错投资地段

有些投资者并不需要买商铺做生意，对这行也并不了解，买了多套商铺，结果所选位置不好，价格也偏高，没有租客，整年下来投资回报率为零。投资商铺前一定要对投资对象进行详细的了解分析，包括房地产开发企业的背景、经验等，此外还要了解所投资物业周边的详细情况等。

12.4　写字楼投资

1. 为什么说投资写字楼好？

写字楼是纯粹用来办公的场所，包括甲级写字楼、普通商务楼、小型办公楼等，档次有高有低，共同的特点是功能单一，只为办公服务。一般来讲，写字楼大

都位于城市中心比较繁华、交通便利的地区，都依附于周边的各项配套，如宾馆、饭店、商场、公寓等，往往形成一个商务群落。

相比于其他形式的房地产投资项目而言，写字楼资金要求比较高、风险也比较大。但是不管是出租还是增值，其收益还算可观。投资写字楼主要有以下几个优势：

(1) 投资价值高

在住宅、商铺、写字楼这三种房地产形态中，住宅的投资风险低、但租金收益也低，主要是靠固定资产增值体现收益；商铺的投资收益高，但风险也高，主要靠租金增值收益，其固定资产增值收益不大。相对来说，写字楼的投资风险适中、收益也就相对适中，其真正价值需要依靠时间的沉淀，长期投资价值高。

(2) 需求旺盛

以往的商家、企业对于写字楼的需求，纯粹定位于办公场所，而现在则是用作会客、商务洽谈的场所，更讲究气派、规模，以及良好的内部环境、物业管理和配套设施。在一定程度上，写字楼代表着企业的档次，因而至关重要。经济流通领域的放开，使大量外资、外地民资企业寻找写字楼作为自己的栖息之地，而房产需求、开发热带来的投资热，也使一些手有余钱的投资者把目光从住宅转向了投资回报率较高的写字楼。

快速增长的中小型企业纷纷寻找适合自己公司需求的写字楼，而一些有实力的公司会以月供方式购买写字楼办公，写字楼是展示公司形象和实力的一个重要元素。

(3) 写字楼不限购

在过去相当长的时间里，中国的房地产政策其实是在限制写字楼和商业用房的，无论是银行贷款政策、税收政策还是土地政策都在限制写字楼和商业用房的发展。政策限制的后果就是大城市写字楼供应相对不足，部分应该去写字楼上班的人被挤到了普通住宅，于是才诞生了大面积的住宅商用。2010年以来，政策开始限制住宅的发展，资金流向商业地产，写字楼的投资价值突显。

2. 投资写字楼要考虑哪些因素？

投资者应选择商务氛围浓厚、交通方便、配套设施齐全以及经营管理水平高的写字楼进行投资，具体如下：

(1) 位于城市主中心区

房产的增值主要来源于土地的增值，而城市的主中心区土地的稀缺性更强，特别是主中心区范围有限，所以，是否位于城市的主中心区，是衡量一栋办公楼的档次和是否具有投资价值的首要因素。写字楼最好是在商业中心、繁华地段、人流量大的地段。

(2) 交通便捷

选择交通便捷的写字楼投资可以确保稳定的租金收益，投资者应考虑交通的便捷性，公交系统的发达性，楼宇所在的位置靠不靠近交通枢纽，员工的上下班是否方便、舒适，周边道路是否是城市的主干道等因素。如果写字楼地处偏远、交通不便或交通拥挤，均不适合投资。如果写字楼处于地铁旁，价格又合适，则可以投资。

(3) 配套设施完善

投资者要选择商务中心、银行、员工食堂、高档餐饮、大堂等配套设施齐全的写字楼投资。而且，现在租客对写字楼的要求不仅局限在写字楼的内部配套，它周边的大环境的设施配套也显得尤为重要，如酒店、商场等齐全，将大大节省企业的信息索取成本。

(4) 产品品质高

投资者需要考虑所要投资的写字楼的大堂布置、电梯布置、自然景观、内部装修等情况，通过逐一比较、现场观察、实地感受，与其他写字楼做对比把风险降到最低。因为写字楼的品质在一定程度上代表着客户公司的形象，所以投资者在投资时一定要注重品质。

1) 宽敞、明亮、高空间的大堂和走廊，让人心情舒畅、工作愉快，大堂是决定写字楼档次的标志之一。

2) 电梯数量的多少，决定着上下班时的便利度，电梯容量则决定载运货物时是否便利，以及载人的多少。

3) 如果写字楼周边全是高层建筑物，其视线必然被挡，就谈不上什么自然景观了。虽然写字楼不是住宅，用户只在里面工作，并没有太多的闲暇时间。但员工工作到一定时候，势必疲惫，楼层里设置的公共小花园及小花园里的绿化，可以达到放松身心的目的。而写字楼外的自然景观，则可以让人凭栏远眺、心旷神怡。

4) 写字楼毕竟不同于普通居家，除管理者的办公室，其他地方最好不要装木

地板，企业员工对木地板使用都不会很爱惜，保养费用会更高。最好还是铺地毯，管线都能装在里面，随时都能翻起来更改，保养费用也不太高。

（5）物业管理水平高

一方面，物业管理企业直接决定着写字楼的用水、用电、垃圾清运、空调供应、车位管理等方方面面的问题。与住宅相比，写字楼的物业管理费明显要高得多，电梯、空调等公摊电费也不低。

另一方面，写字楼是一种长期投资的产品，物业管理的品质直接决定了该写字楼在未来的几年内是否能够持续保持应有价值。同样，物业管理的品质也极大地影响着租户是否愿意选择该楼。优质的物业管理能确保写字楼长期的高出租率，进而保证投资者的高回报。

如果物业配套有知名的专业写字楼物业管理公司的话，其档次通常将比同价位的写字楼提升一级以上，日后租金水平将更高，当然也将更容易放租。

（6）楼层、朝向影响不大

在楼层方面，写字楼通常高楼层单位售价会高于低楼层单位。高楼层单位的景观优势更好，离地面远，受到的噪声污染也小一些。通常来讲，高楼层单位售价高、租金也略高，低楼层单位售价低、租金也偏低，但投资回报率其实差不多。办公的人不会太在意办公室在几楼。

其实写字楼如果是南北朝向当然最好，但是朝向问题反映在住宅上可能有不小的差价，写字楼却不会差那么多。虽然使用者的诉求不同，但是朝向基本不会影响租客和租金。

（7）二手写字楼尽量选择带租约的

据统计，租约长达3~5年的二手写字楼，即使售价比附近写字楼高也划算。因为高档写字楼普遍管理费高，如果空置几个月，管理费的损失对写字楼整体租金收入影响很大。

选择投资有租约的二手写字楼，可以省心地每月按时收租金，在投资初期资金相对紧张时有租金保障，投资风险低。

3. 选择高端写字楼还是低端写字楼投资好？

写字楼的投资有高端和低端之分。高端写字楼投资回报率高，客户群较多，同样品质的产品也较少，因此不担心空置时间太长，而且还可以享受升值的潜力。低端的写字楼，总价低，实用性强，管理费也不会太高，适用于资金有限的投资者。

(1) 资金有限的小投资者，可以选择投资小面积的低端写字楼

投资者最好选择100m^{2}左右的写字楼单位投资。100m^{2}左右的写字楼单位总价不会太高，而且是最好出租的，租金更有保障。并且可以多选择乙级写字楼，虽然乙级写字楼在交通条件、办公设施、配套管理等硬件设施方面都稍逊于甲级写字楼，但其租金相对低、小面积单位多、内部配置以及管理费用低等，能满足大部分客户的需求。而且写字楼的租客也多为一些小型企业老板，由于资金实力和企业规模等方面比较弱，为了降低成本、控制支出，对租金和管理费相对较低的小户型需求比较大，一般100~200m^{2}的写字楼单位比较抢手。乙级写字楼就能满足这样的需求。

但是投资者投资那些小面积写字楼物业时，要注意虽然这些写字楼总价上可能会便宜些，但由于进驻的公司档次低、流动性大，会影响该物业的管理水平。不仅如此，当经济不好的时候，小业主会竞相压价，对客户进行的争夺战同样会影响日后的收益。

(2) 资金充裕的大投资者，可以选择大面积的高端写字楼

大部分高档写字楼的租金回报相对比较高、稳定，而且大企业的集中入住，长期来看会抬高租金的水平，增加投资者的回报率。

买了大面积的高档写字楼，投资者要盯着那些大客户，他们对办公成本的控制相对宽松，而且更看中硬件设施和整体的企业形象。如果将写字楼拆分，由多家小企业分开承租，非但中间会产生很大的麻烦，而且小企业通常会更看中租金的高低，压低价格是一定的。显然没有将整套写字楼租给一个大企业划算。

4. 自用型写字楼投资者应重点关注哪些要点？

自用型投资者的购房目的就是为了给自己公司办公使用。这类投资者考虑到写字楼租金不断上涨，租用写字楼不如购买写字楼合算，因此决定自己购买。一些有实力的公司选择购买那些增值潜力较大的写字楼，一方面可自用，另一方面可兼做投资。

自用型投资者购买写字楼要重点关注以下几个要点：

1) 考虑企业的现状与发展，如企业发展空间较大，扩张较快，不要为省钱而购买或租用小的，以免更换带来更大的麻烦。

2）区域的发展及环境要与企业的发展相匹配，写字楼本身的形象也要与企业相吻合。

3）考虑写字楼产品本身，包括区位、交通、产品形象、电梯、硬件设施、周边的规划等。

5. 出租型写字楼投资者应重点关注哪些要点？

出租型写字楼投资者投资的目的是赚取租金利润，因而具有长期持有物业的强烈心态，保障收益避免空置风险最为关键，但其较容易受市场大环境影响。如金融危机、住宅泡沫爆破、股市大幅波动等容易导致写字楼大幅空置、租金下滑、二手卖盘激增，甚至会引发只售不租的局面。出租型投资者投资写字楼要重点关注以下几个要点：

1）摸清不同类型企业对写字楼的需求。例如，一些建立商务分支机构的外资企业、外地公司，这类公司设立总代理，不需要很大的私人空间，但需要地段优越、交通便捷、品质高档，内部公共区域要求有完善的商务配套、专业的物业管理，会议室、会客区域一应俱全，小面积、高档次、服务全的写字楼是它们的首选。

2）写字楼的物业管理费通常比较高，如果出现空租期，除了没租金收，还要交物业管理费，所以选择稳定的租客非常重要。要多保持和租客的联络，了解其动向。遇到信誉好、实力强的企业，有时租金略优惠一些也是合算的。

3）及时收租，避免某些公司突然搬走拖欠房租。

12.5 公寓投资

1. 投资哪一种公寓类型好？

公寓产品类型繁多，主要包括普通公寓、商务公寓和酒店式公寓。

（1）普通公寓

普通公寓是指基于普通住宅、别墅等居住用地，用于居住功能的物业，其产权为70年。它是有公寓概念的住宅,这部分产品在各种公寓当中的量是最大的。

普通公寓与普通住宅价格相近,只有部分商业重地的公寓因为租金高涨而贵过普通住宅。因为有些公寓的面积偏小,甚至只有30~50m^2,所以整套总价可能不高。这类公寓虽然投资总价不高,但投资回报却比普通住宅高。这是由公寓的特殊性决定的——靠近商务中心、配套设施完善、管理到位,因此客源有保证,而且租客为高薪阶层,租金偏高。

投资普通公寓具有收入稳定、风险小、保值能力高的优势,较适合资金不太雄厚而且工作繁忙的白领投资。

(2) 商务公寓

商务公寓是指基于写字楼、办公楼、教科文卫体等综合类用地,用于商住两用功能的物业,其产权为50年。目前有部分基于商业用地的物业也号称商务公寓,但其产权为40年。这种公寓具备写字楼和住宅两种身份,企业可以用这些公寓的地址进行工商登记,而且可商可住,一物两用,因此特别受中小型公司的欢迎。商务公寓是一种既可居住又可办公的高档物业,但不论从规划设计还是商务配套来看,商务公寓都无法和同区域内的高档写字楼相抗衡。

商务公寓具有租金高而且稳定的特点,其面积在90m^2以下的居多,所以其总价在一个相对低的范围中。投资者可作为商住型出租,投资回报率高,升值潜力大,价格相对写字楼低,首付和贷款均有较大吸引力。

(3) 酒店式公寓

酒店式公寓是指基于居住用地或者综合类用地,采取酒店式服务功能的物业,如打扫房间、预约送餐等基本酒店服务,同时拥有私人公寓的私密性和生活风格的综合物业。其产权可能是70年(基于居住用地),也可能是50年(基于综合类用地),目前市场上同样有部分基于商业用地的物业也号称酒店式公寓,其产权为40年。酒店式公寓是居住型公寓的典型。酒店式公寓集住宅、酒店、会所等多功能于一体,具有"自用"和"投资"两种意义。它在硬件设施上并不低于酒店,在服务上比酒店更胜一筹。

酒店式公寓采用酒店式的服务、公寓式的管理,使客户既能享受酒店提供的殷勤服务,又能享受居家的快乐,住户不仅有独立的卧室、客厅、卫浴间、衣帽间等,还可以在厨房里自己烹饪美味佳肴。具备家庭所必需的电视、冰箱、洗衣机、

空调、热水器、有线TV、宽带、厨房设备、餐桌、床上用品、成套洗浴用品等。酒店式公寓提供专业的生活服务，同时也提供票务代理、多媒体网络、商务车队、多功能会议室等商务服务，让居住者享有便利，也让投资者真正感受到酒店式公寓的物超所值。

酒店式公寓的总价低、投资回报率高，是习惯于投资住房的中小投资者或改善型购房者较为适宜的投资对象。

2. 公寓投资有哪些选择要点？

投资者选择投资公寓时，可以从以下几个方面进行综合考虑之后再做出决定：

（1）地段

房地产投资最看重地段，公寓投资更是如此，像写字楼区、高校区、专业市场区和商业区附近，租房的需求都会比较旺盛，是理想的投资地段。地段好的公寓，需求高，空置率很低，甚至为零，所以好地段才是公寓投资的关键。租住公寓的一般为商务人员和高级青年白领，他们很看重公寓周边的配套。首先必须交通方便，公寓附近最好有公交站，可以轻易叫到出租车，其次购物、休闲娱乐、体育锻炼场所等配套也必不可少。一般白领对生活质量都有一定要求，因此公寓如果有会所、网络设备、健身设施的话，会更加抢手。配套好的公寓往往容易受到青睐，租金也相对较高些。而一些尚未成熟的区域，经济能力强的租客可能会比较少，买入后可能还要等一段时间才能有较高的回报。

（2）租客需求

投资者可以根据租客的情况来挑选物业。如白领租客，就会有会所、健身、网络设施方面的要求。如外籍租客会自发形成按国籍聚居的居住群，外籍租客最注重地段便利性、居住环境、服务素质、保安水平及居家配套等。又如承租能力最强的欧美人士偏好大面积居所，厨房和卫生间也要够大。

（3）房地产开发企业与物业管理企业

品牌房地产开发企业和物业管理企业能够保证物业的质量。对于公寓，物业管理的质量对能否保值有重要影响，而且，不同的服务将会决定不同的租金、环境、治安、管理，对租金有很大影响。

12.6 产权式酒店投资

1. 投资产权式酒店有哪些优势？

产权式酒店是酒店房地产开发企业将酒店每间客房分割成独立产权出售给投资者，这种酒店的每一个客房都各有独立的产权，投资者一般不在酒店居住，而大多是用来投资，将客房委托给酒店经营获取投资回报，从经营利润中分红。有的还可获得酒店赠送的一定期限的免费居住权。

产权式酒店主要有三种类型：

1) 时权酒店，即有约定期的使用酒店客房的权利。

2) 住宅型酒店，即投资者购买后可以先委托酒店经营，到一定期限转为自己长期居住的客居住宅。

3) 投资型酒店，即作为投资行为，逐年取得约定的回报，并期待增值回收投资。

投资产权式酒店有以下两个优势：

（1）委托经营，省去麻烦

投资者委托房地产开发企业或专门的酒店经营公司出租、打理，自己按时收取租金或年底的酒店盈利分红。对于投资者来说，这种形式省去了不少管理麻烦。

（2）提供包租，收益稳定

不少产权式酒店都有包租服务，每年给予投资者固定百分比的回报率，包租年限有3年、5年，甚至10年不等。产权式酒店的投资回报相对于其他类型物业而言是比较稳定的，并且风险相对也小一些。另外，很多产权式酒店的房地产开发企业每年都会提供给业主一定时间的免费入住权，10~30天不等，对于异地置业者而言，这一条件相当具有吸引力。

2. 投资产权式酒店要关注哪些要点？

投资者选择投资产权式酒店要重点关注以下几个要点：

（1）房地产开发企业与管理公司的实力

有些房地产开发企业在将酒店出售、资金回笼后，对以后的经营就不管了，而

把兑现承诺的风险转嫁给了酒店管理公司。如果酒店管理公司经营不善或酒店本身所处的地理位置决定了其不适合做酒店，自然不能盈利。

经营管理是产权式酒店能否达到预期回报的关键。投资者一定要详细考察该地区旅游资源和游客的多少，考察酒店是否具备较丰富、成熟的经营经验和实力。只有保证后期的经营十分成功，投资者才能达到投资目的。

（2）产权式酒店权属

有些产权式酒店只是转让几十年的使用权，并没有出售其所有权。还有些产权式酒店的业主没有获得房屋的产权是因为另外两个原因：一是由于房地产开发企业资信不够或项目本身有问题，致使产权证无法办理；二是由于在办理产权过户时，业主需要缴纳各种税费，这样就会降低投资收益，因此很多业主不愿办理产权。

（3）担保机制是否健全

很多产权式酒店都设计了担保机制。担保机制可分为一般责任担保和连带责任担保，担保的有本金或收益，或本金+收益。一般责任担保即是，如果出现债务纠纷，债权人首先向债务人要求归还，如果债务人表示自己没有能力归还，债权人可以上诉至法院，要求法院强制执行，如果法院采取强制执行后债务人仍表示不能归还，债权人才能找担保公司要求进行担保赔偿；而连带责任担保即是，如果合同双方出现债务纠纷，债权人可以直接找到担保单位要求进行赔偿，如果上诉至法院的话，债权人也可同时起诉债务人和担保单位要求赔偿，担保公司和债务人同时都有责任偿还债权人的债务。

投资者还应注意担保的内容。因为有的只保本金，有的只保收益，当然，也有收益和本金都保的。连带责任担保保的是本金+收益，能够为投资者提供一个更加安全、可靠的诚信环境，保证投资者的利益。

（4）有无完善的退出机制

所投资的物业有没有完善的退出机制，牵涉约定的投资期满之后（如20年），投资者如果不想继续投资的话，能否全身而退的问题。有些项目如果投资期满，投资者可以等值转售给经营公司。

12.7 车位投资

1. 为什么说车位投资前景好?

与其他物业类型相比,投资车位有以下几个明显的优势:

1)在限购政策之下,车位是除商铺、写字楼外又一投资渠道。

2)随着车辆的猛增,许多楼盘的停车位都供不应求。尤其是在写字楼、高档住宅楼云集的车流量大的繁华地区,车位成为稀缺资源。

3)车位投资资金投入量少,一般有十几万元到三十万元的投入资金就行,不能一次付清的还可以分期付款。

4)车位的抗风险能力较强,不易因设计或材料落后造成贬值。

2. 车位投资应重点关注哪些要点?

投资者在投资车位时要避免盲目跟从,可以根据以下几个要点进行充分考虑之后再做出选择:

(1)投资时机选择

车位投资具有跳跃性,当车位需求不是那么强烈的时候,其价值是平缓增长的。可当小区的车位满时,租金和售价肯定有个跳跃性增长的过程。投资者应找准时机在前期低价买入。

(2)投资区域选择

投资者应选择车位与住宅户数比率相对较低的小区,即那些住户多,但是拥有的停车位却少的小区。因为随着私家车的增多,车位肯定是供不应求的,车位价格上涨也是必然的,而车位相对宽松的小区车位的价格肯定没有车位紧张的小区上涨得快,要出租也不会那么抢手。

另外,很多小区为了限制过度炒作车位,对于购买车位的人和购买数量有一定的限制。比如有的小区就规定购买车位的必须是本小区业主,而且一户只能购买一个车位。所以在同样条件和收益的情况下,投资自己家小区车位也是一个好的选择。

(3) 具体停车位置选择

选择具体的停车位，需要关注其灯光是否明亮，消防设施是否齐备，地下有没有积水、有没有排水管或风喉等设施。在选择具体的车位时，投资者要避免选择以下几种车位：

1) 在最底层数的车位。最底层的车位由于容易发生进水、进出不便等原因，一般较难以满意价格出租。

2) 贴近上下水管的车位。停在贴近上下水管车位的车子可能蒙受漏水风险。

3) 停车场车道狭窄、柱子较多或比较窄小的车位。这种类型的车位，较大的车或新手都不好停车。反之，如果车位宽敞，处于靠墙的位置就会比较受欢迎。

3. 哪些类型的车位不能投资？

投资者应选择有产权的车位，避免投资以下几种无产权的车位：

（1）共有空间上的地上车位

由于小区土地使用权归全体业主，因此房地产开发企业无权出售敞开式地上车位。

（2）分摊面积的车位

很多房地产开发企业在卖房子的同时也在卖地下车位，可这地下车位的买卖是否合法，很多投资者并不知道。如果地下车位面积已作为公摊面积被小区业主分摊了，那么房地产开发企业就无权出售。

（3）人防工程的车位

有的地下车位属于人防工程，而人防工程是国家强制配套，禁止房地产开发企业销售。

（4）违规改造的车位

有的房地产开发企业为了谋取利益，将建筑物的地下空间改造成停车位，这种停车位没有计算在建筑物的建筑面积之内，也无法取得产权证。

（5）租赁期限超过20年的车位

有的房地产开发企业在签车位合同的时候不签买卖合同，只与投资者签租赁合同，但在租赁期限上超过20年的时候，并不向投资者声明20年后不受法律保护。因为我国合同法规定，所有的租赁合同期限不可以超过20年，超过部分是无效的。

第 13 章

房屋出售与出租

13.1 房屋出售

1. 出售二手房有哪些方式？

出售二手房的方式主要有自行出售和委托出售。

（1）自行出售

比较熟悉二手房交易流程的业主，可以通过亲戚朋友以及网络发布自己的出售信息。在自行出售的情况下，业主需要自己寻找买家、带买家看房、商讨价钱、收房验房、办理产权过户等，比较费心费力，并且没有第三方的监督，有一定的风险。

（2）委托出售

除了自行出售，业主也可以到专业正规的房地产中介公司委托其出售房屋，由房地产中介公司扮演中间人，积极配对及促进双方交易，并为其提供各种查询、办证等服务。交易成功后，房地产中介公司向买卖双方收取佣金。在专业的房地产经纪人的协助下，卖家可以避免较大的风险，并尽快完成出售。而且在卖方市场中，卖家可以要求所有中介费和税费由买家承担。

2. 委托中介公司出售二手房要注意哪些问题？

业主如果选择将房屋委托中介公司出售的，最好选择知名的中介公司，并保管好自己的房产证等相关证件，要谨慎留钥匙和电话号码。

（1）选取知名的中介公司

委托出售二手房最好将房屋委托给一些比较知名的中介公司，除了能够保证比较多的客源外，最重要的是能够保证交易的安全性，避免带来后顾之忧。

（2）保管好房产证

业主必须清楚自己的房产证信息，如房屋产权是否清晰，是不是抵押物业，房屋面积有多大，属性是住宅、商铺、写字楼还是房改房、安居房等。另外，业主最好不要把房产证原件放在中介公司，以免造成房产证遗失的事件。另外，业主留下房产证复印件的时候，在上面要注明"仅作参考之用"或"仅作放盘之用"。

（3）谨慎留钥匙

业主如果不留下钥匙，每次房地产经纪人员带人来看房时，就要花费相当的时间和精力。但如果留下钥匙，业主就要承担一定的风险。比如说，可能因为看房的人多、次数多，导致房屋有某些损害；屋内如果有家电或其他物件的话，也可能存在着某些风险。所以，业主如果留下钥匙的话，一定要清点屋内物件数量，并与中介就一些事项达成协议，使房屋受损的程度降到最低。

（4）谨慎留电话号码

留联系电话的时候，最好不要留家庭电话，以防受到不必要的骚扰。

3. 如何确定合理的二手房出售价格？

二手房的价格定得太高或太低均会影响出售情况，因此价格合理是非常重要的。无论业主采取哪种方式出售房子，都可以参考以下几种方法来制定房屋的价格：

1）询问中介公司，听取经纪人的专业建议。很多中介公司都有免费估价服务，业主可以通过此项服务取得价格资讯并可借此比较各中介公司的服务态度，以作为将来委托中介公司的选择依据。

2）查看与房地产相关的报纸杂志，查询区域及价格的信息。

3）通过一些房地产相关网站提供的待售房产的查询，可以上网查询目前与自身房屋类似房屋的待售行情。

4）参考出售房屋附近预售商品房的出售价格，将预售房售价下调10%~30%，都算是合理的价格范围。

5）以下这些类型的房屋，出售的价格会相对低一些：

①楼层过高的楼梯楼。对于五楼以上的楼梯楼，即便其他条件很好也很少有人问津，所以其价格要相对较低才能出手。

②采光太差的房屋。很多购房者都很看重居家采光条件，尤其是作为家庭中心、亲友聚会的客厅，更应该阳光明媚，给人以温馨的享受。资料表明，购房者对采光度不佳的容忍顺序是：卫生间、餐厅（如果有）、卧室、厨房、客厅。

③周边环境差的房屋。有的购房者看房时，还没有到房子里面，就感到周边环境或小区环境不行，马上就打道回府了。比如：周边环境卫生太差、前后左右楼群

过分拥挤、噪声大、交通不便等。这些缺陷存在的程度不同，各人对此的忍耐度也不同。毕竟买房子不是租房子，更不是买日常用品，这关系到自己一家人长期的生活质量。因环境不良而难以出售的房子也很常见。

④户型结构差的房屋：套内各居室分布不合理，影响主要居室的采光；小厅、小厨、小卫结构；零散的小块面积一般只能作为过道，是使用价值不大的面积。如果这种小块面积多则是一种浪费，且破坏整体感。

⑤其他社区服务和配套设施不完善的房屋，保养不善导致局部渗漏或较潮湿的房屋等。

4. 如何将二手房卖出一个好价格？

为了将房屋卖出一个好价格，售房者要注意以下几个要点：

（1）突出房子的优点

通过挖掘房子的优势并将其美化，给买家留下好的印象。

1）保持房间的整洁，可以在入口的玄关处放上一块干净的踏脚布；将零乱的鞋类一律请进鞋箱；擦亮地板、打上一层聚氨酯，让它光亮如新等。

2）修补墙纸的裂缝、墙漆剥落处。将该修的开关修好，该换的灯泡换掉。

3）厨房可使用家具清洁上光剂进行修光，这样看上去比较新，而且成本也不高，并将工作台面上零碎的厨房用具和配件移入橱柜内，创造整洁的外观。工作台面若有缺口或损坏，应加以修理。

4）擦亮浴室内的玻璃镜、淋浴门、浴缸、洗脸盆和水龙头；将梳妆台上的个人护理用品移到视线之外；在适宜的地方放上一束鲜花加以点缀；在浴巾架上整齐地挂放毛巾和浴巾。

（2）弱化房子的缺点

1）如果房屋采光较差，可采用重新刷白墙、安装镜子的方法进行补救。

2）如果房屋通风较差，可适当在采光处摆放简洁的绿色植物等。

（3）找对买家

房子越符合买家的需求，在他眼里价值就越高，业主也就越能卖出如意的价格。因此，要想将房子卖出好价钱，找对买家是关键。所谓找对买家，就是找到那些家庭生活的习惯和需要与房子的品相、特点相互适合的买家。要做到这一点，首先要弄清自己的房子最适合什么样的家庭生活习惯和需要；然后再弄清有着这样需求的买家主要分布在哪些群体里；最后找到他们，把房子卖给他们。

比如位于市区繁华地段、交通便利，但靠近高架桥、噪声污染较大的房子，其价格便宜，对于经济实力有限的年轻小夫妻来说，这样的地段、户型、总价都比较适合，年轻人也比较能够接受噪声上的问题。

13.2 房屋出租

1. 哪些类型的房屋不能出租？

根据有关法律规定，以下几种类型的房屋不能出租：
1）未依法取得产权证的。
2）司法机关和行政机关依法裁定、决定查封或者以其他形式限制房地产权利的。
3）共有房屋未取得共有人同意的。
4）房屋权属有争议的。
5）属于违法、违章建筑的。
6）不符合安全标准的。
7）已抵押、未经抵押权人同意的。
8）不符合公安、环保、卫生等主管部门有关规定的。
9）有关法律、法规规定禁止出租的其他情形。

如果出租的房屋属于上述中的一种，则租赁合同无效，不受法律保护。

2. 如何将房屋快速出租？

业主可以通过委托中介公司出租、包装好房屋、采取灵活的租金收取方式等方法将房屋更快地出租。

（1）委托中介公司出租

房屋出租既可以自己通过网络发布出租信息，也可以通过房地产中介公司代理

出租。虽然委托出租要支付中介费用，但用半个月的租金换取房屋早点出租，对于业主来说还是有利的。

不少出租房屋为便于出租，不仅装修豪华而且还配备全套高档家具和家电。业主一般不会将钥匙留给中介，而租客都是来去匆匆，工作节奏比较快，跟房地产经纪人表达租房意向后就立刻要求现场看房，很少有租客愿意等业主到场一起看房。中介只好将门店中有钥匙的房子先拿给租客看，并急忙联系业主快速赶来。但往往是业主还没赶到，租客就已经选中了另一套房子。所以，业主可以选择门店大、连锁店多、安全系数比较高的中介公司代理出租，并将钥匙交给中介公司，以便随时带租客看房。

(2) 包装好房屋

大部分租客租房的标准是居住舒适。相比一套空空荡荡的毛坯大户型，租客更愿意选择一套带有舒适装修的小户型。因此，让租客有一种家的感觉，是能否顺利出租的关键。要针对不同的目标租客的需求去装饰房子和增添家具、家电。

普通住宅出租，出租房的装修并不需要豪华，有时简洁和素雅反而会获得高出租率。在家具以及家电的选购上，家具可用比较简单但有个性的，家电则可以到二手货市场上去买。这样业主可以较周边房租平均价格高10%挂出去，即使遇到还价，还是能以比较满意的价格出租。

针对高端租赁市场的不同客户群，业主则应该将自己的房屋对症下药地进行一番包装，比如从欧美国家来的租客，他们不会计较租金的高低，但是对厨房、卫生间的洁净度的要求非常高，甚至会挑剔墙上留下的一个小污渍，因此可以将房屋的局部进行重新粉刷，以展现给租客良好的视觉效果。另外，高端租赁市场的租客更加注重室内配套的完善度，因此，适当增添家具（床、衣柜、书架）、日常家电（冰箱、电视、洗衣机、微波炉、热水器、空调）等配置，能够在很大程度上增加房屋出租时的竞争力。

房屋业主在出租房屋时一定要让租客交纳一定数额的押金，以避免租客拖欠房租及水、电、煤气、电话等费用。同时还可避免租客在租住期间损坏屋内家具、家电等设施，预留出一定数额的房租作为押金，业主可避免自己经济利益受损。

对于年代相对久远的老房子而言，业主在出租房屋前更应该将屋内预留给租客的物品、设施等检查清楚，适当定期维修，以免在日后承租房屋中发生危险。

房屋业主在签署租赁合约中要约定清楚与租客间的租赁期限、租金金额、支付方式以及逾期交租责任、有无权转租、分租等细节。

（3）采取灵活的租金收取方式

针对不同类型的租客制定不同的租金收取方式。比如针对夏季租赁高峰期求租者多为应届毕业生或者刚刚就业的年轻人，可在租金收取方式上灵活变通，以两月付或者月付的方式收取房租，这种灵活的收款方式对他们有很大的吸引力。而对于工作较繁忙的高级白领来说，月付的方式对他们可能比较麻烦，可以选择季付或年付。针对不同的租客，采用灵活变通的租金收取方式，让租客方便，可增强租客长租的意愿。

3. 出租房屋要注意哪些问题？

为了避免出现租客拖欠租金、损坏家电、拖欠水电燃气等费用或突然搬走等情况，业主在出租房屋时要特别注意以下几个问题：

1）业主能以最高的租金出租当然理想，但若租客不准时交租，或租两三个月就跑了，也很头疼。所以高租金没有好的租客来得好，最重要的是租给好用户。

2）租户有权在物业内做适当的装修。所谓适当，是指是否会违反物业管理公约的规定，或违反建筑法的规定影响楼宇的结构或其他业主的物业，这都应该在租赁合约里注明，因为万一租户在所租的物业内干任何违法的事，后果无论是在法律上的纠纷还是经济上的损失都将由业主承担。

3）若提供家具、电器或其他家居用具都应该要求相应的押金，以便在租户离开时，万一提供的东西有损坏可以得到赔偿。另外房子可能有所改动，若租客未能把改动的部分还原，或因为租客的疏忽导致房子有所损害，也应该做出赔偿。一般押金为一到两个月的租金，在租约期满时，检查没有任何损坏，就把押金退还（不含利息）。

4）租赁合约是一份非常重要的合同。它声明、约束了业主与租客应履行的权利与责任，千万不可以马虎。房子交给了租客，如没有合约的约束，业主会非常被动。轻微的可能会使业主为小事麻烦，严重的不但会有经济上的损失还可能吃官司。

5）一般水、电、煤气、物业管理费用都由租客付，若业主负责为住户缴付，最好事先说好限额，或要求住户先预付押金。

6）一般租约为期一年。若两年或以上的要留心租金升幅程度，太低业主划不来，太高租客不愿意接受，故在签租约时经常是一年死约，一年生约，意思是肯定租一年，第二年租客有权续租，业主没有权不让现有租客续租，但租金可以照当时市场租金定或照合同所定的幅度调整。

7）有些业主为了避税，没有把合同拿到有关房管部门进行登记，也没有给租客正式的发票，这样做违反了出租的有关规定，万一发生纠纷业主会很被动。

8）了解租客的背景。租客的优劣直接影响出租物业的收入及一切在出租期间所耗费的人力和精力。一个好的租客特别省事省心，故建议了解租客的背景，如有多少成员居住，是做什么行业的，是否会商住两用，若用作商业用途（比如开美容院）或办公都会影响物业的寿命，租客搬走后重新装修也需要一笔不小的费用。

4. 房屋租赁合同一般包含哪些内容？

根据《城市房地产管理法》规定，房屋租赁出租人和承租人应当签订书面租赁合同，确定租赁期限、租赁用途、租赁价格、修缮责任等条款，以及双方的其他权利和义务，并向房地产管理部门登记备案。按《租赁管理办法》规定，租赁合同应当具备以下条款：

（1）租赁双方基本情况

包括租赁双方姓名、联系方式、住所等基本情况。

（2）房屋的坐落、面积、装修及设施情况

如位于某路某号某室；住房面积；住房装修情况，简要说明住房的墙壁、门窗、地板、天花板、厨房和卫生间的装修情况；配备设施和设备，简要列举住房内出租人为承租人准备的家具、家用电器、厨房设备和卫生间设备等；住房的产权及产权人，写明这套住房为何种产权，产权人是谁，出租人与产权人的关系及出租住房是否得到产权人的委托。

（3）住房用途

主要说明以下两点：住房是用于承租人自住、承租人一家居住，还是允许承租人或其家庭与其他人合住；住房是仅能用于居住，还是同时可以有其他用途，如办公等。

（4）租赁期限

按《合同法》规定，租赁期限不得超过20年，超过部分无效。租赁期限届满，当事人可以续订租赁合同，但约定的租赁期限自续订之日起不得超过20年。

（5）房租及支付方式

住房租金由出租人和承租人协商确定，在租赁期限内，出租人不得擅自提高房租。

（6）住房修缮责任

出租人是住房的产权人或产权人的委托人，所以修缮住房是出租人的责任。

（7）住房状况变更

承租人应该爱护住房和各种设施，不能擅自拆、改、扩建或增加。在确实需要对住房进行变动时，要征得出租人的同意，并签订书面协议。

（8）转租的约定

有的承租人租房的目的并不是自住，而是想通过转租取得租金收入。由于这种转租行为影响到出租人的利益，所以双方应该在合同中对转租加以规定。如果允许转租，双方可以协商确定一个分享转租收入的比例；如果不允许转租，而承租人擅自转租，出租人则有权终止租赁合同。

（9）违约责任

在签订合同时，双方就要想到可能产生的违反合同的行为，并在合同中规定相应的惩罚办法。

（10）租赁合同的变更和终止

如果在租赁过程中出租人和承租人认为有必要改变合同的上述各项条款，如租赁期限、租金等，双方可以通过协商对合同进行变更。

5. 什么情况可以解除房屋租赁合同？

1）如果出租人有下列行为之一的，承租人可以解除租赁合同：

①出租人不按合同约定的时间向承租人提供房屋的。

②出租人因房屋租赁向承租人收取租金以外其他费用的。

③出租人干扰或妨碍承租人对所租房屋正常、合理使用的。

④出租人不按合同约定负责检查、维修房屋设施，以保证房屋的安全使用的。

2）如果承租人有下列行为之一的，出租人有权解除租赁合同：

①利用房屋进行非法活动，损害公共利益或他人利益的。

③擅自改变房屋结构或约定用途的。

③擅自将房屋转租给第三人的。

④超过合同约定期限的，租赁期限届满而又没有重新签订租赁合同的，出租人有权按合同约定的期限收回房屋，出租人解除租赁合同的，出租人有权收回房屋。承租人未经出租人同意而逾期不迁出的，出租人除可要求承租人加倍交付租金，如造成业主损失的，要求承租人负赔偿责任外，还可要求主管机关向承租人发出限期迁出通知书或向人民法院提起诉讼。

⑤合同未约定，拖欠租金达三个月以上的。因上述行为造成出租人损失的，出租人有权要求承租人赔偿。

6. 一定要办理房屋租赁登记手续吗？

根据2010年《商品房屋租赁管理办法》，租赁双方应该在签订租赁合同30天内到房地产管理部门办理租赁登记手续，这是一个法定程序，只有办完了登记手续才算履行了有效的程序，租赁行为才算在法律上有效，租赁合同才会受到法律保护。否则，未办理登记的租赁合同在法律上是无效的，一旦出现纠纷，不受法律保护。另外，续租、转租的租赁合同也要再次到房管部门办理登记手续。

租赁双方应持房屋租赁合同、双方身份证明、房屋所有权证书或者其他合法权属证明，以及直辖市、市、县房地产主管部门规定的其他材料办理租赁登记手续。

13.3 租房

1. 寻找出租房源有哪些途径？

租房者寻找出租房源一般可以委托中介公司或从网上、张贴的广告中获取房源信息。

（1）委托中介公司

房地产中介公司提供咨询、看房、签约、售后的全程服务，完备的合同具有法律效应，可为整个交易提供安全保障。另外，中介公司出租房源多，租房者的选择余地大。即使没有适合的房源，中介公司也能根据客户的需求进行推荐。除了能监督钱款外，在签订合同、收取押金、租金交付等问题上，中介公司扮演的角色远远超出中间人的范畴。

但租房者要注意是否有一些不法中介利用看房费、信息费、咨询费等名义收取费用，专业正规的房地产中介公司是不会在交易成功前收取任何报酬的，租房者要注意保护自己。

（2）自己寻找房源

除了委托房地产中介公司寻找出租房，租房者还可以通过网络、张贴的广告等寻找房源。

网上租房依托互联网的优势，方便快捷、信息量大、时间随意性强，由于没有中间环节，省时省钱，了解信息详细，便于成交。但网上的信息量大，信息的真实性不高、重复信息多，由于没有客观的可识别方式，给不法分子以可乘之机，使租房者上当受骗的机会增多。一旦发生纠纷，租房者很难取证和维护权益。

2. 租房者看房时要关注哪些要点？

租房者在看房时要重点关注房屋的家电是否能正常使用、门窗是否具备防盗功能、水电能否正常使用等。

（1）检查家电

租房者在看房时要仔细检查每一个家用电器能否正常使用，因为有些业主会为提升租价而拼凑一些电器，但这些电器有可能是从二手货市场买来的，所以无法保障使用效果。在看房时，检查电器的使用情况是必不可少的，尤其是冰箱、空调等。

（2）检查门窗

检查房屋是不是有防盗门，看窗户的密闭是否完好，尤其是租住一、二层的租房者一定要仔细把关，检查所有窗户是否都能关严，所有插销是否都能插上，检查防护栏有没有开焊，有没有被折断的隐患，如果有必要可以请业主加固，以防后患。

（3）检查水电状况

一些老楼房，因为上下水管道长年使用，输电线路设计功率低、线路老化等原

因，经常出现下水道堵塞、上水水压不够、大功率家用电器无法正常开启、电路跳闸的现象。所以，租房者在看房时要注意检查水电状况。

3. 租房者应如何跟业主谈价？

租房者在跟业主谈价时，可以参考以下几个方法：

1）不要表露出自己很喜欢这套房。
2）不停地找房子的缺点要求降价，针对房子的某些缺点进行评价，指出其劣势。
3）以配套设备不足为由，要求降价，或要求业主配齐。
4）告诉业主自己很满意，但家人有其他的想法，希望价格便宜点；或者表现出强烈的租房欲望，迫使对方降价。
5）带着定金，说明只要价钱合适自己马上付定金或签约。
6）一时间价钱讲不下去，就先说明再考虑考虑，并再看看其他的出租房。
7）用其他同类房子的价格做比较，要求降价。
8）以自己的经济能力不够作为理由要求业主降价。
9）与业主成为好朋友，卖交情争取拿到最优惠的价格。
10）看多处不同的房子，声东击西探知更便宜的价格。
11）如果现金充足，表明可一次性付租金。

4. 租房者签订租赁合同时要注意哪些细节？

在签订租赁合同时，租房者要确认业主的身份、租金与押金的支付、交房时间以及租赁合同的续签等问题。

（1）确认业主身份

租房者应该要求业主出示房产证、身份证或户口本等有效证件，最好是原件，以确认业主的身份，因为有些不法分子会利用租房方式取得房产证的复印件，以假身份将房子出租骗取他人租金。

（2）租金与押金的支付

租金的支付方式、支付时间应与业主详细商讨并记入合同中，并注明租金是否包含物业管理费、水电费、垃圾费等费用，若不包含则应该对这些费用的支付问题进行说明。

押金用于担保合同的履行，如果租房者不履行合同的任何一部分，押金会被业主没收，通常会在租赁合同中有一些选择的条款，如"若租房者不交租金，或多长时间不交租金，业主有权解除合同、没收押金，并向租房者收取租金百分之几的违约金。"

另外，押金也作为对房屋及其设施毁损的担保，若房屋及其设备无毁损，业主应退还押金。在签订租赁合同时，应当注明，租约期满后业主应退还押金。

（3）交房时间

对于租房者真正拿到钥匙可以入住的时间应尽量书面说明具体至哪一天。

（4）租赁合同的续签

合同一般会约定如果多少时间内不续签，租赁合同就自行终止。

5. 房屋交接时要注意哪些要点？

租房者在跟业主签订完租赁合同之后，双方要到房屋内做好物业的交接工作。在进行交接时，租房者要注意以下几个要点：

（1）家电是否按要求配齐

检查业主是否按要求提供包括床、桌椅、电视、冰箱、热水器、洗衣机等的家具家电。家具家电配备齐全一方面可以满足承租人的需要使房屋出租速度加快，另一方面在租金价格上也会比空房高出不少。但这会使租赁双方在日后的租赁过程中产生或多或少的问题，所以在租赁过程中物业交验就变得非常重要，继而督促租赁双方对内部设施进行详细的检查。

（2）更换房屋钥匙

可以由租房者更换房屋的门锁（防盗门内的木门），再由业主从房租内扣除花费金额，这对于租赁双方是个一举两得的办法。

（3）门窗是否正常使用

对于旧房屋，其门窗长年使用，多多少少会出现问题，尤其是楼房对外的玻璃要仔细检查，必要时可轻轻推推玻璃看有没有松动坠落的可能。

（4）费用是否已结清

在物业交验单上要明确注明入住时的水表、电表、燃气表记账开始日期，并办理完所有的费用结算。